W0385259

# HELLO
# SANTA

JULIA CAWLEY
SASKIA VAN DEELEN
VERA SCHÄPER

# Hello Santa

Backen ~ Lesen ~ Genießen

JAN THORBECKE VERLAG

# INHALT

VORWORT – **S.07**

NUSSIGES – **S.18**
WÜRZIGES – **S.42**
FRUCHTIGES – **S.70**
SCHOKOLADIGES – **S.94**
WEITGEREISTES – **S.118**
ZUCKERSÜSSES – **S.142**

ÜBER DIE AUTORINNEN – **S.161**
TIPPS ZUM BACKEN – **S.162**
REGISTER – **S.164**

# VORWORT
# DIE LUFT KNISTERT VOR WEIHNACHTSZAUBER

Die besinnliche Vorweihnachtszeit hat begonnen: Wir rücken alle näher zusammen, teilen uns die Wärme, die Vorfreude und natürlich all die Leckereien, die diese Zeit zu etwas ganz Besonderem machen. Gemeinsame Stunden werden mit wärmendem Tee und himmlischen Köstlichkeiten noch gemütlicher. Denn wer kann schon Zimtsternen, Spekulatius-Schnitten oder selbst gemachtem Marzipan widerstehen?

Während draußen das wilde Schneetreiben herrscht, versüßen wir uns das Warten auf Santa mit Backen, Schmökern und Träumen. Vor dem Fenster glitzern kleine Eiskristalle und zergehen langsam im warmen Sonnenlicht – so wie die frisch gebackene Apfeltarte im Mund. Und mit weihnachtlichen Gewürzmischungen und dem köstlichen Rum-Sirup wird jede Nascherei zu einem Highlight, das der Seele einfach guttut.

Bis Santa die Geschenke bringt, bleibt noch genügend Zeit, die einzigartigen Leckereien auszuprobieren und die festliche Zeit damit zu einem ganz besonderen Erlebnis werden zu lassen.

# DAS WINTER-MÄRCHEN HAT BEGONNEN

Die Pudelmützen werden gerichtet und die Handschuhe übergestreift. Die Wintermäntel sind dick gefüttert, ebenso wie die Stiefel. Der Raureif an den Fenstern verkündet glitzernd die Winterkälte. Die Winterabende sind gefüllt mit der Wärme des Kamins und den köstlichen Aromen der Plätzchenteller. Mit feiner Linie der Tintenfüller schreiben die Kinder ihre Wünsche für Santa auf die letzten Wunschzettel. Bis zum Nordpol muss der Brief gelangen, damit Santa und seine fleißigen Helfer alle Wünsche erfüllen können. Prächtig verpackt stehen dann alle Geschenke, die er zuvor durch den Kamin brachte, unter dem Weihnachtsbaum. Und dann schnell weiter, denn um alle Geschenke an einem Abend zu bringen, bleibt nicht viel Zeit.

# NUSSIGES

WEIHNACHTLICHE
LECKEREIEN MIT BISS

# ERDNUSSBUTTER-PLÄTZCHEN MIT SCHOKOTROPFEN

ZUBEREITUNG 10 MINUTEN, RUHEZEIT 1 STUNDE
BACKZEIT CA. 20 MINUTEN

## FÜR 12–15 STÜCK

1 VANILLESCHOTE
2 EIER (GRÖSSE M)
300 G BRAUNER ZUCKER
400 G ERDNUSSBUTTER
75 G ZARTBITTERE SCHOKOTROPFEN
FLEUR DE SEL (OPTIONAL)

Die Vanilleschote halbieren, das Mark herauskratzen und mit den Eiern und dem Zucker in einer Schüssel schaumig schlagen. Die Erdnussbutter zugeben und kräftig weiterschlagen. Schokotropfen und nach Geschmack Fleur-de-Sel-Flocken zugeben und gleichmäßig unterrühren. Den Teig mindestens eine Stunde im Kühlschrank ruhen lassen.

Den Backofen auf 180 °C Ober-/Unterhitze vorheizen.

Aus dem Teig ca. 12–15 gleich große Kugeln formen, auf ein mit Backpapier ausgelegtes Backblech legen. In der Mitte des Backofens ca. 20 Minuten backen, zunächst auf dem Backblech und dann auf einem Kuchengitter vollständig abkühlen lassen.

Tipp

MIT EINEM EISPORTIONIERER LASSEN SICH GUT GLEICH GROSSE KUGELN FORMEN.

# MANDELLIKÖR-TÖRTCHEN MIT MARZIPAN

ZUBEREITUNG 20 MINUTEN
BACKZEIT CA. 20–25 MINUTEN

## FÜR CA. 16 STÜCK

1 VANILLESCHOTE
200 G WEICHE BUTTER
4 EIER (GRÖSSE M)
170 G ZUCKER
200 G MARZIPANROHMASSE
2 EL MANDELLIKÖR
150 G ZARTE HAFERFLOCKEN
70 G MAISSTÄRKE
60 G MEHL
1 TL BACKPULVER

## AUSSERDEM

CA. 16 PAPIER-BACKFÖRMCHEN
MUFFINBLECH

Den Backofen auf 200 °C Ober-/Unterhitze vorheizen.

Die Vanilleschote längs halbieren und das Mark herauskratzen. Butter, Eier, Zucker und Vanillemark in eine Schüssel geben und cremig schlagen. Marzipanrohmasse klein schneiden, mit dem Mandellikör dazugeben und alles zu einem geschmeidigen Teig verarbeiten. Haferflocken, Maisstärke, Mehl und Backpulver unterheben und gut verkneten.

Die Papier-Backförmchen in die Mulden eines Muffinblechs legen und je einen gut gehäuften Esslöffel Teig hineingeben. In der Mitte des Backofens ca. 20–25 Minuten backen.

Abkühlen lassen und nach Wunsch z.B. mit Mandeln oder karamellisierten Walnüssen (Rezept Seite 151) verzieren.

Tipp

STATT DER MARZIPANROHMASSE SELBST GEMACHTES MARZIPAN (REZEPT SEITE 149) VERWENDEN. DER MANDELLIKÖR KANN AUCH DURCH ALKOHOLFREIEN MANDEL-AMARETTO-SIRUP ERSETZT ODER EINFACH WEGGELASSEN WERDEN.

# HEFEZUPFBROT MIT HASELNUSS-KROKANT

ZUBEREITUNG 1 STUNDE 15 MINUTEN, BACKZEIT CA. 30 MINUTEN
RUHEZEIT 1 STUNDE 40 MINUTEN

## FÜR 1 ZUPFBROT ODER CA. 20 SCHEIBEN

### FÜR DEN TEIG

35 G FRISCHE HEFE
200 ML LAUWARME MILCH
50 G WEISSER ZUCKER
500 G MEHL
1 PÄCKCHEN VANILLEZUCKER
1 PRISE SALZ
50 G WEICHE BUTTER
2 EIER (GRÖSSE M)

### FÜR DIE FÜLLUNG

100 G WEICHE BUTTER
150 G ZUCKER
1 TL ZIMT
80 G HASELNUSSKROKANT

### AUSSERDEM

ETWAS BUTTER ZUM EINFETTEN
KASTENFORM 25 CM

Für den Teig die Hefe in die lauwarme Milch bröseln, 10 g Zucker unterrühren und zugedeckt 10 Minuten ruhen lassen. Mehl, restlichen Zucker, Vanillezucker und Salz in eine Schüssel geben, gründlich vermischen, die Hefemilch zugießen und mit der Butter und den Eiern zu einem glatten Teig verarbeiten. Sollte der Teig zu klebrig sein, noch etwas zusätzliches Mehl zugeben. Zugedeckt an einem warmen Ort 1 Stunde gehen lassen. Anschließend den Teig noch einmal durchkneten und zu einem Rechteck in der Größe ca. 25 × 30 cm und ca. 1 cm dick ausrollen.

Für die Füllung den Teig mit der Butter bestreichen. Zucker mit Zimt und Haselnusskrokant mischen und gleichmäßig über den Teig streuen. Den Teig längsseitig in 5 Streifen schneiden. Die Teigstreifen mit der bestrichenen Seite nach oben aufeinander legen. Die gestapelten Teigstreifen jetzt in 5 gleich große Würfel schneiden.

Die Kastenform mit Backpapier auslegen oder mit etwas Butter einfetten. Die geschnittenen Teigwürfel nacheinander mit einer Schnittfläche nach oben in die Kastenform legen. Zudecken und nochmals 30 Minuten an einem warmen Ort gehen lassen.

Den Backofen auf 180 °C Ober-/Unterhitze vorheizen.

Zupfbrot in der Mitte des Backofens ca. 30 Minuten backen, in der Form abkühlen lassen, stürzen und servieren.

Tipp

DIE FÜLLUNG LÄSST SICH VIELFÄLTIG VARIIEREN, Z.B. MIT NOUGAT, EIERLIKÖR ODER APFELMUS.

# ZARTE **WALNUSS-ZIMT-TUFFS**

ZUBEREITUNG 15 MINUTEN
BACKZEIT 20–25 MINUTEN

## FÜR CA. 25 STÜCK

- 50 G WALNUSSKERNE
- 2 EIWEISS (GRÖSSE M)
- 150 G ZUCKER
- 1 PÄCKCHEN VANILLEZUCKER
- 1 VANILLESCHOTE
- ½ TL ZIMT
- 1–2 TROPFEN VANILLEAROMA

## AUSSERDEM

- HAUSHALTSMÜHLE
- SPRITZBEUTEL

Den Backofen auf 160 °C Ober-/Unterhitze vorheizen.

Die Walnusskerne in einer Haushaltsmühle fein mahlen. Die Eiweiße in einer Schüssel mit einem Handmixer steif schlagen. Zucker und Vanillezucker langsam in die Eischneemasse rieseln lassen und weiterschlagen, bis sich der Zucker aufgelöst hat und die Masse leicht glänzt.

Die Vanilleschote längs halbieren, das Mark herauskratzen. Das Mark mit dem Zimt, dem Vanillearoma und den gemahlenen Walnusskernen unter die Eischneemasse heben.

Den Teig in einen Spritzbeutel füllen, damit kleine Häufchen auf ein mit Backpapier ausgelegtes Backblech geben und in der Mitte des Backofens ca. 20–25 Minuten backen. Zunächst auf dem Backblech und dann auf einem Kuchengitter vollständig abkühlen lassen.

*Tipp*

MIT EIN PAAR TROPFEN LEBENSMITTELFARBE LASSEN SICH FARBENFROHE TUFFS BACKEN. ODER EINFACH DIE EISCHNEEMASSE HALBIEREN UND MIT ZWEI NUSSSORTEN BACKEN. ZUR UNTERSCHEIDUNG DIE JEWEILIGEN NÜSSE HACKEN UND VOR DEM BACKEN AUF DEN TEIG STREUEN.

# PEKANNUSS-KARAMELL-PIE

ZUBEREITUNG 50 MINUTEN, RUHEZEIT 30 MINUTEN
BACKZEIT CA. 40 MINUTEN

## FÜR EINEN PIE

### FÜR DEN TEIG

300 G MEHL
80 G PUDERZUCKER
1 PRISE SALZ
1 VANILLESCHOTE
150 G KALTE BUTTER
1 EIGELB (GRÖSSE M)
2–3 EL KALTES WASSER

### FÜR DIE NUSSFÜLLUNG

20 G BUTTER
200 G ZUCKER
250 G PEKANNÜSSE
150 G SAHNE
5 EL FLÜSSIGER HONIG

### FÜR DIE GLASUR

1 EIGELB
1 EL MILCH

### AUSSERDEM

SPRINGFORM 20 CM
HOLZSTÄBCHEN
BUTTER ZUM EINFETTEN
MEHL ZUM BESTÄUBEN
PEKANNÜSSE ZUM VERZIEREN

Für den Teig Mehl, Puderzucker und Salz in einer Schüssel vermengen. Die Vanilleschote längs aufschneiden und das Mark herauskratzen. Die Butter gewürfelt mit dem Eigelb und dem Vanillemark in die Schüssel geben und verkneten. Kaltes Wasser zugeben und zu einem geschmeidigen Teig verarbeiten. Den Teig zur Kugel formen, in Frischhaltefolie wickeln und mindestens 30 Minuten im Kühlschrank ruhen lassen.

Für die Nussfüllung die Butter in einem Topf schmelzen, den Zucker dazugeben und bei mittlerer Hitze karamellisieren. Die Pekannüsse grob hacken, in den Topf geben und ca. 3 Minuten unter Rühren rösten. Die Sahne angießen, den Honig unterrühren und die Mischung ca. 5 Minuten leise köcheln lassen, bis eine cremige Karamellmasse entstanden ist. Den Topf vom Herd nehmen und abkühlen lassen.

Den Backofen auf 200 °C Ober-/Unterhitze vorheizen.

In der Zwischenzeit die Springform mit Backpapier auslegen und den Rand mit Butter einfetten. Die Arbeitsfläche mit Mehl bestäuben und zwei Drittel des Teiges ca. 3–4 mm dick ausrollen. Der Durchmesser sollte etwas größer als der Boden der Springform sein. Den ausgerollten Teig in die Springform legen, dabei den überstehenden Teig am Rand hochklappen und gut andrücken. Die abgekühlte Pekannuss-Mischung gleichmäßig auf den Teig verteilen.

Den restlichen Teig ebenfalls ca. 3–4 mm dick im Durchmesser der Springform ausrollen, auf die Pekannuss-Mischung legen und am Rand leicht andrücken. Dabei überstehenden Teig mit dem Finger nach unten drücken, damit die Decke sich mit dem Teigrand verschließt.

Für die Glasur das Eigelb mit der Milch verquirlen, den Teigdeckel damit bestreichen und mit einem Holzstäbchen gleichmäßig einstechen.

Auf einem Backgitter in der Mitte des Backofens ca. 40 Minuten backen. Den fertigen Pekannuss-Pie auf einem Kuchengitter vollständig auskühlen lassen.

# GEBRANNTE **MANDELHOBEL**

ZUBEREITUNG 20 MINUTEN

**FÜR CA. 140 G**

30 ML WASSER

40 G ZUCKER

1 PÄCKCHEN VANILLEZUCKER

100 G MANDELHOBEL

Das Wasser mit dem Zucker und dem Vanillezucker in einer Pfanne erhitzen. Das Zuckerwasser sprudelnd köcheln lassen, die Mandelhobel zugeben und gleichmäßig mit der Zuckermasse vermischen. Damit die Mandelhobel nicht anbrennen, sollten sie gleichmäßig und durchgehend so lange gerührt werden, bis sich der Zucker auf ihnen absetzt.

Die Hitze reduzieren, etwa 1 Minute weiterrühren und die Mandelhobel auf ein mit Backpapier ausgelegtes Backblech schütten und verteilen. Auf dem Backblech vollständig auskühlen und trocknen lassen.

Tipp

GEBRANNTE MANDELHOBEL GEHÖREN ALS KNUSPRIGES TOPPING ZUM PAVLOVA-KRANZ (REZEPT SEITE 125) UND PASSEN AUCH SEHR GUT ZU ANDEREN FRUCHTIGEN DESSERTS. NACH DIESEM REZEPT KÖNNEN AUCH GANZ EINFACH SELBST GEBRANNTE MANDELN HERGESTELLT WERDEN. DAZU EINFACH EINE PRISE ZIMT IN DAS ZUCKERWASSER MISCHEN. DAS REZEPT LÄSST SICH PROBLEMLOS VERDOPPELN UND FUNKTIONIERT Z.B. AUCH MIT HASEL-, WAL- UND PEKANNÜSSEN ODER KÜRBISKERNEN.

# KAKAO-MANDEL-KEKSE

ZUBEREITUNG 15 MINUTEN, RUHEZEIT MINDESTENS 3 STUNDEN
BACKZEIT CA. 15 MINUTEN

### FÜR CA. 30 STÜCK

125 G BUTTER
125 G ZUCKER
125 G MAISMEHL
150 G GEMAHLENE UNGESCHÄLTE MANDELN
25 G BACKKAKAO
1 PÄCKCHEN VANILLEZUCKER
½ TL ZIMT
1 PRISE SALZ
1 TL BACKPULVER

Alle Zutaten zu einem geschmeidigen Teig verkneten und für mindestens 3 Stunden kalt stellen.

Den Backofen auf 180 °C Ober-/Unterhitze vorheizen.

Aus dem Teig ca. 30 Kugeln (ca. 1,5–2 cm Durchmesser) formen, auf ein mit Backpapier ausgelegtes Backblech legen und ca. 15 Minuten backen. Da die Kekse aufgehen, sollten sie nicht zu dicht aneinander platziert und in mindestens zwei Backvorgängen gebacken werden.

Zunächst auf dem Backblech und dann auf einem Kuchengitter abkühlen lassen.

Tipp

DIE KEKSE MIT MANDELN UND GEHACKTEN PISTAZIENKERNEN VERZIEREN.

# SCHNEEKRISTALLE FUNKELN IN DER SONNE

Die Beine versinken knietief im Schnee, die Kufen des Schlittens ziehen schlangenförmige Linien hinter den Kindern her. Ihre Nasen und Wangen sind rot, die Ohren unter den dicken Wollmützen warm und geschützt. Der Hügel liegt noch sanft und unbefahren, aber auch ihn werden gleich neue Spuren zieren. Mit jeder weiteren Fahrt ergibt sich ein neues Muster in der tiefen Schneemasse. Später gesellen sich zu ihr noch zahlreiche Schneemänner mit Karottennasen und Schneeengel mit prächtigen Flügeln und weiten Kleidern.

Auf dem zugefrorenen See schnattern die Enten wild und streiten sich um den letzten Krümel Futter, ihre kleinen Füße rutschen immerzu auf der glatten Oberfläche. Langsam, sich mit dem Fuß vorantastend, wagt man sich selbst ein Stück auf die dünn mit pudrigem Schnee bedeckte Eisfläche.

Die kleinen Flocken schließen sich zu einem Gewimmel zusammen. Das immer dichter werdende Schneetreiben lädt zu einem warmen Tee und kuscheliger Ofenwärme nach Hause ein. Eingekuschelt in die Winterdecke werden noch die letzten Geschenke verpackt. Der Winterausflug ist beendet, aber das Warten auf Santa hat gerade erst begonnen.

SAUNA

CAFÉ
POROTUPA

# WÜRZIGES

## DER DUFT DER WEIHNACHTSZEIT

# LEBKUCHEN-
# HÄUSCHEN

ZUBEREITUNG 15 MINUTEN, RUHEZEIT 1 STUNDE
BACKZEIT 8–10 MINUTEN

## FÜR CA. 80 STÜCK

### FÜR DIE HÄUSCHEN

8 G POTTASCHE
2 EL MILCH
190 G ZUCKERRÜBENSIRUP
250 G BRAUNER ZUCKER
180 G BUTTER
70 ML SAHNE
500 G MEHL
70 G GEMAHLENE MANDELN
1 MSP. INGWER
15 G LEBKUCHENGEWÜRZ
(REZEPT SEITE 51)

### FÜR DEN ZUCKERGUSS

1 EIWEISS
1 TL ZITRONENSAFT
250 G PUDERZUCKER

### AUSSERDEM

SPRITZBEUTEL MIT KLEINER
LOCHTÜLLE

Pottasche in Milch auflösen.

Zuckerrübensirup, Zucker und Butter in einem kleinen Topf erhitzen, bis die Butter vollständig geschmolzen ist. Vom Herd nehmen, Sahne zugießen, Mehl, Mandeln, aufgelöste Pottasche, Ingwer und Lebkuchengewürz zugeben. Alles zu einem Teig verkneten und für mindestens 1 Stunde in Frischhaltefolie gewickelt in den Kühlschrank legen.

Den Backofen auf 175 °C Ober-/Unterhitze vorheizen.

Den Teig in 4 Portionen teilen und auf einer bemehlten Arbeitsfläche ca. 2–3 mm dünn ausrollen, mit einem Messer oder Pizzaroller ca. 10 cm breite Streifen schneiden. Aus den Streifen dann unterschiedliche Häuserformen herausschneiden. Die Häuschen auf ein mit Backpapier ausgelegtes Backblech platzieren, ca. 8–10 Minuten backen und vor dem Verzieren vollständig abkühlen lassen.

Für den Guss das Eiweiß mit dem Zitronensaft steif schlagen. Den Puderzucker sieben, in die Eiweißmasse einrieseln lassen und weiterschlagen, bis die Masse eine cremige und zähe Konsistenz hat. Den Guss in einen Spritzbeutel füllen und nach Wunsch die Häuschen mit Fenstern und Türen verzieren und trocknen lassen.

Tipp

STATT HÄUSCHEN AUSZUSCHNEIDEN, KANN MAN AUCH EINFACH MIT EINEM KEKSAUSSTECHER IN DER PASSENDEN FORM ARBEITEN.

# VANILLE-
# KRANZ

ZUBEREITUNG 20 MINUTEN, BACKZEIT 45 MINUTEN
RUHEZEIT 20 MINUTEN

### FÜR EINEN KRANZ

250 G ZUCKER
2 EIER (GRÖSSE M)
250 G WEICHE BUTTER
1 VANILLESCHOTE
120 ML BRAUNER RUM
350 G MEHL
2 GEHÄUFTE TL BACKPULVER
1 PRISE SALZ
200 ML SAHNE
400 ML RUM-SIRUP
(REZEPT SEITE 49)

### AUSSERDEM

KRANZFORM, DURCHMESSER
CA. 22 CM
BUTTER ZUM EINFETTEN
MEHL ZUM BESTÄUBEN
HOLZSTÄBCHEN

Den Backofen auf 180 °C Ober-/Unterhitze vorheizen.

Zucker, Eier und Butter in einer Schüssel kräftig zu einer schaumigen Masse aufschlagen. Die Vanilleschote längs halbieren, das Mark herauskratzen, mit Rum, Mehl, Backpulver und Salz in die Schüssel geben, alles gut vermengen und zu einem geschmeidigen Teig verarbeiten. Sahne steif schlagen und gleichmäßig unter den Teig heben.

Die Kranzform mit Butter einfetten, mit etwas Mehl bestäuben, den Teig einfüllen und in der Mitte des Backofens ca. 45 Minuten backen. Mit der Stäbchenprobe testen, ob der Kranz gar ist. Anschließend in der Form ca. 20 Minuten abkühlen lassen.

Den Kuchen noch in der Form mehrmals mit einem Holzstäbchen rundherum einstechen und mit der Hälfte des Rum-Sirups begießen. Anschließend den Kuchen aus der Form lösen und die andere Seite mit dem restlichen Sirup begießen.

Tipp

DIE AUSGEKRATZTE VANILLESCHOTE IN EIN GLAS MIT SCHRAUBVERSCHLUSS GEBEN, MIT WEISSEM ZUCKER BEDECKEN, FEST VERSCHLIESSEN, MINDESTENS EINE WOCHE DURCHZIEHEN LASSEN UND ALS SELBST GEMACHTEN VANILLEZUCKER VERWENDEN ODER VERSCHENKEN.

# RUM-
# SIRUP

ZUBEREITUNG 10 MINUTEN

**FÜR CA. 400 ML RUM-SIRUP**

100 G BUTTER

180 G BRAUNER ZUCKER

120 ML BRAUNER RUM

Die Butter in einem kleinen Topf schmelzen. Den Zucker mit dem Rum zugeben und rührend ca. 5 Minuten leise köcheln lassen, bis sich der Zucker aufgelöst hat. Den Rum-Sirup etwas abkühlen lassen und noch warm über den Vanille-Kranz (Rezept Seite 47) oder andere passende Kuchen gießen.

*Tipp*

SIRUP LÄSST SICH VIELFÄLTIG UND IN UNTERSCHIEDLICHSTEN GESCHMACKSRICHTUNGEN UND NATÜRLICH AUCH ALKOHOLFREI HERSTELLEN, WIE Z.B. ROSMARIN-SIRUP (REZEPT SEITE 61), ZITRONEN- ODER ORANGEN-SIRUP (REZEPT SEITE 77). EINFACH DIE DOPPELTE MENGE HERSTELLEN UND ZUM WÜRZEN VON GETRÄNKEN NUTZEN ODER VERSCHENKEN.

# WEIHNACHTLICHE **GEWÜRZMISCHUNGEN**

ZUBEREITUNG 5 MINUTEN

## SPEKULATIUS-GEWÜRZ

2 EL ZIMTPULVER
¼ TL GEMAHLENE MUSKATNUSS
½ TL GEWÜRZNELKENPULVER
¼ TL KORIANDER
¼ TL KARDAMOM
1 PRISE INGWERPULVER
½ TL FEIN GERIEBENE UNBEHANDELTE ZITRONENSCHALE
½ TL FEIN GERIEBENE UNBEHANDELTE ORANGENSCHALE

## LEBKUCHENGEWÜRZ

20 G ZIMTSTANGEN
5 G GEWÜRZNELKEN
2 G PIMENTKÖRNER
2 G KORIANDERSAAT
1 G KARDAMOMKAPSELN
1 G STERNANISSAMEN
1 G ANISSAMEN
3 G INGWERPULVER
2 G MACISBLÜTE

Es gibt viele verschiedene Mischungs-Varianten, bei denen, je nach eigenem Geschmack, ein anderes Gewürz vorschmecken kann. Es gibt keine Standardmischung. Natürlich kann auch einfach auf fertige Gewürzmischungen zurückgegriffen werden.

## SPEKULATIUSGEWÜRZ

Alle Zutaten gründlich miteinander vermischen und bis zum Verbrauch fest verschlossen lagern.

## LEBKUCHENGEWÜRZ

Alle Zutaten in einem Blitzhacker oder Mörser fein mahlen und anschließend durch ein Sieb geben und bis zum Verbrauch fest verschlossen in einem Glas lagern. Wer das zu aufwendig findet, kann natürlich auch dieselben Mengen mit bereits fertig gemahlenen Gewürzen mischen.

Tipp

DIESE MISCHUNGEN KÖNNEN GESCHMACKLICH INTENSIVER ALS FERTIG GEKAUFTE UND IMMER UNTERSCHIEDLICH AUSFALLEN UND SOLLTEN DAHER VORSICHTIGER DOSIERT WERDEN. WEIHNACHTLICHE GEWÜRZMISCHUNGEN SCHMECKEN NICHT NUR IN GEBÄCK, SONDERN AUCH IN SCHMORGERICHTEN, NACHSPEISEN, LIKÖREN SOWIE IN JOGHURT ODER GRANOLA (REZEPT SEITE 99).

# KNUSPRIGE **ZIMTSTERNE**

ZUBEREITUNG 30 MINUTEN, BACKZEIT 20 MINUTEN
RUHEZEIT 1 STUNDE

### FÜR CA. 25 STÜCK

3 EIWEISS (GRÖSSE M)
250 G PUDERZUCKER
1 PÄCKCHEN VANILLEZUCKER
400 G GEMAHLENE UNGESCHÄLTE MANDELN
1 TL ZIMT

### AUSSERDEM

AUSSTECHER IN STERNFORM

Ofen auf 120 °C Ober-/Unterhitze vorheizen.

Das Eiweiß mit dem Handmixer in einer Plastikschüssel steif schlagen. Den Puder- und Vanillezucker durch ein Sieb zum Eischnee geben, unterheben und verrühren, bis sich eine geschmeidige, glänzende Masse ergibt. Davon vier Esslöffel für die Glasur abnehmen und kühl stellen.

Die gemahlenen Mandeln mit dem Zimt unter die Eischnee-Puderzucker-Masse mischen und zu einem Teig verkneten.

Den Teig halbieren. Eine Hälfte in Frischhaltefolie wickeln und in den Kühlschrank legen.

Die Arbeitsplatte mit einem Stück Frischhaltefolie belegen, den Teig darauf platzieren, ein weiteres Stück Frischhaltefolie darauflegen, den Teig flach drücken und ca. 1 cm dick ausrollen. Sterne ausstechen und auf ein mit Backpapier ausgelegtes Backblech legen.

Das Eischnee-Puderzucker-Gemisch aus dem Kühlschrank nehmen, mit einem Teelöffel auf die Zimtsterne geben und gleichmäßig darauf verteilen. Anschließend in der Mitte des Backofens ca. 20 Minuten backen und auf dem Backblech 1 Stunde abkühlen lassen.

Tipp

DIE FERTIGEN ZIMTSTERNE SIND DIREKT NACH DEM BACKEN NOCH SEHR WEICH UND ZERBRECHLICH UND WERDEN ERST SPÄTER FEST UND KNUSPRIG. SIE SOLLTEN SEHR GUT ABKÜHLEN UND ERST DANACH IN EINER KEKSDOSE GELAGERT WERDEN. DAS ÜBRIG GEBLIEBENE EIGELB FÜR EINFACHE BUTTERKEKSE (REZEPT SEITE 157) VERWENDEN.

# SPEKULATIUS-DOPPELKEKS MIT VANILLECREME-FÜLLUNG

ZUBEREITUNG 45 MINUTEN, RUHEZEIT 30 MINUTEN
BACKZEIT 10–12 MINUTEN

### FÜR CA. 30 DOPPELKEKSE

200 G WEICHE BUTTER
250 G ZUCKER
2 EIER (GRÖSSE M)
500 G MEHL
100 G GEMAHLENE UNGESCHÄLTE MANDELN
2 TL BACKPULVER
1 PRISE SALZ
15 G SPEKULATIUSGEWÜRZ (REZEPT SEITE 51)

### FÜR DIE VANILLECREME

1 VANILLESCHOTE
150 G WEICHE BUTTER
150 G PUDERZUCKER

### AUSSERDEM

RUNDE AUSSTECHFORM, DURCHMESSER CA. 5–6 CM
SPRITZBEUTEL MIT LOCHTÜLLE
MEHL FÜR DIE ARBEITSFLÄCHE

Die Butter mit dem Zucker und den Eiern in einer Schüssel schaumig rühren. Mehl, Mandeln, Backpulver, Salz und Spekulatiusgewürz zugeben und zu einem glatten Teig verarbeiten. Anschließend den Teig in Frischhaltefolie wickeln und im Kühlschrank 30 Minuten ruhen lassen.

Den Backofen auf 180 °C Ober-/Unterhitze vorheizen.

Den Spekulatius-Teig auf einer leicht bemehlten Arbeitsfläche dünn ausrollen, Kreise ausstechen und auf einem mit Backpapier ausgelegtem Backblech platzieren. In der Mitte des Backofens ca. 10–12 Minuten backen. Spekulatius zunächst auf dem Backblech und anschließend auf einem Backgitter vollständig abkühlen lassen.

Für die Vanillecreme die Vanilleschote längs halbieren, das Mark herauskratzen und in einer Schüssel mit der Butter und dem Puderzucker schaumig schlagen. Die Vanillecreme in einen Spritzbeutel mit Lochtülle füllen. Auf die Hälfte der fertig gebackenen Spekulatius in die Mitte einen Klecks Vanillecreme geben. Die andere Hälfte der Spekulatius daraufsetzen und vorsichtig andrücken.

Tipp

ZUR DEKORATION EINIGE BLANCHIERTE MANDELN MIT ETWAS KUVERTÜRE AUF DIE KEKSE KLEBEN. DIE SPEKULATIUSKEKSE SCHMECKEN NATÜRLICH AUCH OHNE FÜLLUNG.

# **MOHNKUCHEN** MIT ZIMTSTREUSELN

ZUBEREITUNG 50 MINUTEN, RUHEZEIT 1 STUNDE
BACKZEIT CA. 45 MINUTEN

## FÜR EINEN KUCHEN

### FÜR DEN TEIG

300 G MEHL
80 G ZUCKER
1 PRISE SALZ
1 PÄCKCHEN VANILLEZUCKER
150 G KALTE BUTTER
1 EIGELB (GRÖSSE M)
4–5 EL KALTES WASSER

### FÜR DIE FÜLLUNG

500 ML MILCH
80 G BUTTER
140 G HONIG
50 G WEICHWEIZENGRIESS
300 G GEMAHLENER MOHN
1 TL ZIMT
2 EIER (GRÖSSE M)

### FÜR DIE STREUSEL

180 G MEHL
100 G ZUCKER
1 PÄCKCHEN VANILLEZUCKER
½ TL ZIMT
1 PRISE SALZ
100 G BUTTER

### AUSSERDEM

1 SPRINGFORM, CA. 28 CM DURCHMESSER
BUTTER ZUM EINFETTEN

Für den Teig Mehl, Zucker, Salz und Vanillezucker in einer Schüssel vermengen. Die Butter würfeln, mit dem Eigelb hineingeben und mit dem Handrührgerät verkneten. Kaltes Wasser zugeben und alles zu einem geschmeidigen Teig verarbeiten. Den Teig zur Kugel formen, in Frischhaltefolie wickeln und 1 Stunde im Kühlschrank ruhen lassen.

Für die Füllung die Milch in einem Topf erhitzen, die Butter darin schmelzen lassen, den Honig zugeben und kurz aufkochen. Den Grieß und den Mohn einstreuen, gut unterrühren und den Topf vom Herd nehmen. Anschließend ca. 1 Stunde quellen und abkühlen lassen.

Den Zimt und die Eier kräftig unter die abgekühlte Masse rühren.

Den Backofen auf 200 °C Ober-/Unterhitze vorheizen.

Für die Streusel Mehl, Zucker, Vanillezucker, Zimt und Salz in einer Schüssel mischen. Die Butter in einem kleinen Topf erhitzen, schmelzen, in die Schüssel gießen und mit dem Schneebesen verrühren, bis sich Streusel bilden.

Springform inkl. Rand einfetten, den Teig ca. 2–3 cm größer als die Springform ausrollen und in die Form legen. Den überlappenden Teig am Rand leicht hoch- und festdrücken. Den Teigboden mit einer Gabel sechsmal gleichmäßig einstechen. Die Mohnbackmasse auf dem Teig verstreichen, die Streusel darübergeben und ca. 45 Minuten goldbraun backen.

Den Kuchen in der Springform vollständig abkühlen lassen.

# HONIGKUCHEN
## MIT WALNÜSSEN UND GETROCKNETEN KIRSCHEN

ZUBEREITUNG 30 MINUTEN, RUHEZEIT CA 1 STUNDE
BACKZEIT CA. 45 MINUTEN

### FÜR 1 HONIGKUCHEN

100 G BUTTER
100 G LÖFFELBISKUITS
100 G ZARTE HAFERFLOCKEN
130 G GEMAHLENE WALNÜSSE
4 TL ZIMT
1 PRISE SALZ
¼ TL KARDAMOMPULVER
¼ TL KORIANDERPULVER
¼ TL INGWERPULVER
¼ TL NELKENPULVER
400 G FLÜSSIGER HONIG
400 G MEHL
1 PÄCKCHEN BACKPULVER
200 ML MILCH
140 G ZARTBITTER-SCHOKOLADE
120 G GETROCKNETE KIRSCHEN
130 G WALNÜSSE

### AUSSERDEM

1 SPRINGFORM, CA. 28 CM DURCHMESSER
BUTTER ZUM EINFETTEN

Den Backofen auf 180 °C Ober-/ Unterhitze vorheizen.

Die Butter in einem kleinen Topf bei niedriger Hitze schmelzen und beiseite stellen.

Die Löffelbiskuits sehr fein bröseln. Haferflocken, gemahlene Walnüsse, Zimt, Salz und die anderen Gewürze unter die Löffelbiskuitbrösel mischen. Den Honig in einer Schüssel mit dem Mehl und dem Backpulver verkneten. Anschließend die Löffelbiskuit-Mischung, die Milch und die flüssige Butter untermischen.

Die Zartbitter-Schokolade sehr fein hacken und mit den getrockneten Kirschen gleichmäßig im Teig vermengen.

Die Walnüsse grob mit den Händen zerkleinern. Die Backform einfetten, den Teig hineingeben, die zerkleinerten Walnüsse darüberstreuen und in der Mitte des Backofens ca. 40–45 Minuten backen.

Honigkuchen in der Backform ganz auskühlen lassen und in Scheiben geschnitten mit kalter Butter servieren.

*Tipp*

STATT DER EINZELNEN GEWÜRZE EINFACH 1–2 TL LEBKUCHENGEWÜRZ (REZEPT SEITE 51) UNTERMISCHEN. ALS HÜBSCHES TOPPING PASSEN AUCH KARAMELLISIERTE WALNÜSSE (REZEPT SEITE 151). JE NACH GESCHMACK KÖNNEN STATT DER GETROCKNETEN KIRSCHEN AUCH ANDERE TROCKENFRÜCHTE, WIE Z.B. DATTELN, APRIKOSEN ODER CRANBERRYS, VERWENDET WERDEN.

# GEZUCKERTE **ROSMARINZWEIGE**

ZUBEREITUNG 20 MINUTEN
RUHEZEIT 4 STUNDEN

### FÜR 6 ROSMARIN-ZWEIGE

125 ML WASSER

150 G ZUCKER

6 ROSMARINZWEIGE

Das Wasser in einem Topf erhitzen, 50 g Zucker zugeben und sprudelnd leise köcheln lassen, bis sich der Zucker aufgelöst hat. Die Rosmarinzweige waschen und kurz ins köchelnde Zuckerwasser legen.

Die Rosmarinzweige aus dem Sirup nehmen, kurz abtropfen lassen, den restlichen Zucker auf einen tiefen Teller geben und die Rosmarinzweige darin wälzen. Auf einen mit Backpapier ausgelegten Teller legen und ca. 4 Stunden trocknen lassen.

Tipp

PASST ALS ESSBARE DEKORATION Z.B. ZUM PAVLOVA-KRANZ (REZEPT SEITE 125). MIT DIESER EINFACHEN METHODE LASSEN SICH AUCH ANDERE KRÄUTER ODER BLÜTEN ZUCKERN. DEN ROSMARIN-SIRUP WEITER EINKOCHEN LASSEN, ANSCHLIESSEND IN EINE KLEINE FLASCHE ABFÜLLEN UND ZUM VERFEINERN VON APERITIFS BENUTZEN.

# WEIHNACHTSDUFT LIEGT IN DER LUFT

Die Baumwipfel sind von strahlenden Schneekleidern bedeckt, die in der Sonne funkeln wie einzigartige Kristalle. In der Küche erklingen die Geräusche von Schüsseln, Gelächter und Weihnachtsmusik. Der Plätzchenteig wird ausgerollt und zu kleinen Sternen ausgestochen. Ab und zu verschwindet ein Finger im Teig, um zu testen, ob es auch wirklich schmeckt. Schon nach kurzer Zeit breitet sich im ganzen Haus ein herrlicher Duft nach Weihnachten aus. Zimt und Anis vermischen sich mit Vanille und Orange. Der Geruch verfliegt nach draußen, als die Fenster geöffnet werden, um die kühlen und klaren Schneekristalle in Augenschein zu nehmen. Keine gleicht der anderen. Jede ist für sich besonders. Die frische Winterluft weckt Körper und Geist, die Augen sind geschlossen. Der Duft der Plätzchen holt in die Wirklichkeit zurück. Schnell aus dem Ofen nehmen und auf den Tisch zum Auskühlen legen, damit sie auf jeden Fall bis zu Santas Ankunft fertig sind, denn für ihn sollen Kekse und Milch bereit stehen. Auch wenn es schwer fällt, die Köstlichkeiten nicht alle selbst zu naschen.

—

# FRUCHTIGES

## SÜSSES UND SAURES IN PERFEKTER BALANCE

# AMARENAKIRSCHEN-MOHN-ROLLE

ZUBEREITUNG 20 MINUTEN, RUHEZEIT MINDESTENS 2 STUNDEN
BACKZEIT CA. 40 MINUTEN

## FÜR EINE ROLLE BZW. CA. 30 SCHEIBEN

250 G LEICHT KALTE BUTTER
500 G MEHL
125 G ZUCKER
1 PÄCKCHEN VANILLEZUCKER
½ PÄCKCHEN BACKPULVER
3 EIER (GRÖSSE M)
230 G AMARENAKIRSCHEN (KIRSCHENEINWAAGE 100 G)
250 G FERTIGE MOHNBACKMISCHUNG
150 G HAGELZUCKER

## FÜR DIE GLASUR

1 EIGELB
1 EL MILCH

Für den Teig die Butter in Würfel schneiden und mit Mehl, Zucker, Vanillezucker, Backpulver und 2 Eiern zu einem glatten Teig verkneten. Zur Kugel formen, in Frischhaltefolie wickeln und mindestens 2 Stunden in den Kühlschrank stellen.

Den Backofen auf 180 °C Ober-/Unterhitze vorheizen.

Die Amarenakirschen abtropfen lassen, klein schneiden oder im Blitzhacker zerkleinern. Die Mohnbackmischung mit einem Ei verrühren. Den Teig zwischen zwei Lagen Backpapier ca. 5 mm dick zu einem Rechteck ausrollen. Die Teigplatte mit der Mohnbackmasse bestreichen und dabei an einer Längsseite einen ca. 1,5 cm breiten Streifen frei lassen. Die Kirschen gleichmäßig auf der Mohnmasse verteilen. Mit Hilfe des Backpapiers den Teig von der bestrichenen Längsseite her zu einer großen Rolle aufrollen, sodass die unbestrichene Längsseite an der Rolle festgedrückt werden kann.

Für die Glasur das Eigelb mit der Milch verquirlen, die Mohnrolle damit bestreichen, in Hagelzucker wälzen oder damit bestreuen. Die Rolle auf ein mit Backpapier ausgelegtes Backblech legen und ca. 40 Minuten backen. Anschließend zunächst auf dem Backblech und dann auf einem Kuchengitter vollständig abkühlen lassen.

Als ganze Rolle servieren und ca. 1,5 cm dicke Scheiben abschneiden.

Tipp

SOLLTE DIE ROLLE FÜR DAS BACKBLECH ZU GROSS SEIN, KANN SIE IN DER MITTE DURCHGESCHNITTEN UND NEBENEINANDER GEBACKEN WERDEN.

# APFELTARTE
## MIT ZIMT AUF QUITTENGELEEBODEN

ZUBEREITUNG 30 MINUTEN, RUHEZEIT 30 MINUTEN
BACKZEIT CA. 40 MINUTEN

### FÜR EINE TARTE

180 G MEHL
100 G LEICHT KALTE BUTTER
50 G PUDERZUCKER
1 EIGELB (GRÖSSE M)
1 PRISE SALZ
2–3 EL QUITTENGELEE
3–4 MITTELGROSSE ODER
6 KLEINE ÄPFEL
1 TL ZIMTPULVER
1 EL ZUCKER

### FÜR DIE GLASUR

1 EIGELB (GRÖSSE M)
1 EL MILCH

### ZUM BEGIESSEN

3 TL HONIG
1 TL WASSER

Mehl, Butter, Puderzucker, Eigelb und Salz in einer Schüssel zu einem glatten Teig verkneten, zur Kugel formen und in Frischhaltefolie eingewickelt 30 Minuten in den Kühlschrank legen.

Den Backofen auf 180 °C Ober-/ Unterhitze vorheizen.

Den Teig zu einem Rechteck in der Größe ca. 30 × 40 cm ausrollen und auf ein mit Backpapier ausgelegtes Backblech legen. Den Teig mit Quittengelee bestreichen, dabei einen 2–3 cm breiten Rand frei lassen. Die Äpfel schälen, halbieren, entkernen und in feine Spalten schneiden. Apfelspalten dekorativ auf dem mit Quittengelee bestrichenen Teig verteilen. Zimt mit Zucker vermischen und über die Äpfel streuen. Den überstehenden Teigrand einschlagen und leicht andrücken.

Für die Glasur das Eigelb mit der Milch verquirlen und den Teigrand damit bestreichen.

Die Apfeltarte in der Mitte des Backofens ca. 40 Minuten backen.

Honig und Wasser in einem kleinen Töpfchen erhitzen und die fertige Tarte damit im dünnen Strahl übergießen.

Tipp

LAUWARM MIT EISKALTER GESCHLAGENER SAHNE ODER EINER KUGEL VANILLEEIS SERVIEREN.
DAS ÜBRIG GEBLIEBENE EIWEISS FÜR ZIMTSTERNE (REZEPT SEITE 53) VERWENDEN.

# BLUTORANGEN-KUCHEN MIT KÜRBISKERN-CRUNCH

ZUBEREITUNG 30 MINUTEN, BACKZEIT 50–60 MINUTEN
RUHEZEIT MINDESTENS 60 MINUTEN

### FÜR EINEN KASTEN-KUCHEN

### FÜR DEN KUCHEN

125 G WEICHE BUTTER
200 G ZUCKER
2 EIER (GRÖSSE M)
150 G MASCARPONE
1 PRISE SALZ
200 G MEHL
3 TL BACKPULVER
1 UNBEHANDELTE BLUTORANGE
SAFT EINER HALBEN ZITRONE
50 G BRAUNER ZUCKER

### FÜR DAS KÜRBIS-KERN-CRUNCH

2 EL ZUCKER
2 EL WASSER
100 G KÜRBISKERNE

### FÜR DIE GLASUR

SAFT EINER HALBEN ZITRONE
100 G PUDERZUCKER

### AUSSERDEM

KASTENFORM, CA. 26 CM
HOLZSTÄBCHEN
BUTTER ZUM EINFETTEN

Den Backofen auf 180 °C Ober-/Unterhitze vorheizen.

Butter, Zucker, Eier, Mascarpone und Salz in einer Schüssel mit dem Handmixer schaumig schlagen. Mehl und Backpulver zugeben und gut unterrühren. Die Blutorange heiß abwaschen, trocknen und die Schale fein reiben. Anschließend halbieren und auspressen. Orangenabrieb, Zitronensaft und die Hälfte des Orangensaftes zum Teig geben und nochmals kurz verrühren.

Die Backform einfetten, den Teig einfüllen, im unteren Drittel auf einem Backgitter mittig platzieren und 50–60 Minuten backen (Stäbchenprobe).

In der Zwischenzeit den restlichen Orangensaft mit dem braunen Zucker in einem Topf ca. 5 Minuten leicht sprudelnd zu Sirup einkochen. Abkühlen lassen und beiseite stellen.

Für das Kürbiskern-Crunch Zucker mit Wasser in einer Pfanne erhitzen, bis die Masse köchelt. Kürbiskerne zugeben und so lange mit einem Kochlöffel verrühren, bis sich der Zucker an den Kernen abgesetzt hat. Anschließend die Kürbiskerne abkühlen lassen.

Den fertig gebackenen Kuchen aus dem Ofen nehmen, in der Form lassen und einige Male mit einem Holzstäbchen gleichmäßig einstechen. Mit dem Orangensirup übergießen und vollständig in der Form (am besten über Nacht im Kühlschrank) abkühlen lassen.

Für die Glasur Zitronensaft mit Puderzucker verrühren. Den kalten Kuchen stürzen und auf einem Kuchengitter platzieren. Zitronenglasur mit einem Esslöffel auf dem Kuchen verteilen und die Kürbiskerne darüberstreuen.

Tipp

EINE BESONDERE NOTE BEKOMMT DER KUCHEN, WENN DIE KÜRBISKERNE MIT EINIGEN BLÄTTERN ZITRONEN- ODER ORANGENTHYMIAN GEWÜRZT WERDEN.

# PFLAUMENMUS-PALMIERS

ZUBEREITUNG 20 MINUTEN, RUHEZEIT 2 STUNDEN
BACKZEIT 20–25 MINUTEN

## FÜR CA. 30 STÜCK

### FÜR DIE PALMIERS

250 G BUTTER
125 G ZUCKER
1 PÄCKCHEN VANILLEZUCKER
2 EIER (GRÖSSE M)
500 G MEHL
½ TL BACKPULVER
8–10 EL PFLAUMENMUS

### FÜR DIE GLASUR

1 EIGELB (GRÖSSE M)
1 EL MILCH

Butter mit Zucker, Vanillezucker und Eiern schaumig rühren. Mehl und Backpulver dazugeben und zu einem glatten Teig verarbeiten. Teig in Frischhaltefolie wickeln und mindestens 2 Stunden im Kühlschrank ruhen lassen.

Den Backofen auf 180 °C Ober-/Unterhitze vorheizen.

Den Teig halbieren, jeweils auf Backpapier ca. 5 mm dick ausrollen und mit Pflaumenmus bestreichen. Dabei an den beiden Längsseiten ca. 1 cm aussparen. Den Teig jeweils von der langen Seite her von beiden Seiten gleichmäßig zur Mitte hin einrollen.

Für die Glasur das Eigelb mit der Milch verquirlen und den Teig damit bestreichen.

Den Teig in ca. 1 cm breite Scheiben schneiden und die Palmiers auf ein mit Backpapier ausgelegtes Backblech legen. In der Mitte des Backofens ca. 20–25 Minuten goldgelb backen. Zunächst auf dem Backblech und dann auf einem Kuchengitter abkühlen lassen.

Tipp

WER ES SÜSSER MAG, KANN DIE PALMIERS IN FEINEM WEISSEN ZUCKER WÄLZEN. STATT PFLAUMENMUS KANN AUCH FEIGENKONFITÜRE (REZEPT SEITE 133) BZW. JEDE ANDERE KONFITÜRE VERWENDET WERDEN.

# ZITRONENROLLENKEKSE
## MIT MERINGUE-FÜLLUNG

ZUBEREITUNG 15 MINUTEN, RUHEZEIT 30 MINUTEN
BACKZEIT CA. 10 MINUTEN

### FÜR CA. 20 STÜCK

250 G KALTE BUTTER
250 G MEHL
100 G KARTOFFELMEHL
300 G ZUCKER
1 PÄCKCHEN VANILLEZUCKER
1 EL FEIN GERIEBENE UNBEHANDELTE ZITRONENSCHALE
½ TL BACKPULVER
1 EIWEISS

Butter, Mehl, Kartoffelmehl, 200 g Zucker, Vanillezucker, geriebene Zitronenschale und Backpulver in eine Rührschüssel geben, zu einem geschmeidigen Teig verarbeiten, in Frischhaltefolie wickeln und für 30 Minuten in den Kühlschrank legen.

Den Backofen auf 200 °C Ober-/Unterhitze vorheizen.

Das Eiweiß mit dem Handmixer steif schlagen, den restlichen Zucker dabei langsam einrieseln lassen, bis eine cremige Meringue-Masse entstanden ist.

Den Teig ca. 30 cm breit und ca. 5 mm dick rechteckig ausrollen. (Der Teig wird dann ca. 50 cm lang.) Die Meringue-Masse gleichmäßig auf dem Teig verteilen, dabei an einer langen Seite einen 1,5 cm breiten Rand stehen lassen. Den Teig von der langen, bestrichenen Seite her aufrollen und den nicht bestrichenen Rand an der Rolle festdrücken. Anschließend die Teigrolle in ca. 2 cm breite Scheiben schneiden. Die Teigscheiben mit einer Schnittseite nach oben auf ein mit Backpapier ausgelegtes Backblech legen und für ca. 10 Minuten in der Mitte des Backofens goldgelb backen. Die Kekse zunächst auf dem Backblech und dann auf einem Kuchengitter vollständig abkühlen lassen.

Tipp

ZUR DEKORATION MIT ZITRONENZESTEN BESTREUEN.

# KANDIERTE ORANGEN IN ZARTBITTERGLASUR

ZUBEREITUNG 20 MINUTEN, ZIEHZEIT 3 TAGE
TROCKENZEIT 2–3 TAGE

### FÜR DIE KANDIERTEN ORANGEN

3 UNBEHANDELTE ORANGEN
600 ML WASSER
600 G ZUCKER

### FÜR DIE SCHOKOLADENGLASUR

150 G ZARTBITTERKUVERTÜRE
FLEUR DE SEL

Die Orangen heiß abspülen, trocknen, die Enden dünn abschneiden und die Orangen in ca. 5 mm dicke Scheiben schneiden.

Das Wasser in einen Topf mit breitem Boden gießen, 300 g Zucker zugeben und aufkochen, bis sich der Zucker aufgelöst hat. Die Orangenscheiben in den Sirup legen und kurz aufkochen. Den Topf vom Herd nehmen, abkühlen lassen und die Orangenscheiben im Topf im Sirup abgedeckt 24 Stunden ziehen lassen.

Am folgenden Tag die Orangenscheiben aus dem Sirup nehmen und abtropfen lassen. Den Sirup nochmals im Topf mit 150 g Zucker aufkochen, die Orangenscheiben hineingeben und wieder eine Minute leise köcheln lassen. Den Topf vom Herd ziehen, abkühlen lassen und abgedeckt 24 Stunden ziehen lassen.

Am dritten Tag wiederum die Orangenscheiben aus dem Sirup nehmen und abtropfen lassen. Den Sirup nochmals im Topf mit 150 g Zucker aufkochen, die Orangenscheiben hineingeben und wieder eine Minute leise köcheln lassen. Den Topf vom Herd ziehen, abkühlen lassen und abgedeckt 24 Stunden ziehen lassen.

Am vierten Tag den Topf nochmals mit den Orangenscheiben erhitzen, kurz aufkochen und anschließend die Orangenscheiben zum Abtropfen nebeneinander auf ein Kuchengitter legen.

Die Orangenscheiben an der Luft auf dem Kuchengitter ca. 2–3 Tage trocknen lassen, bis sie nicht mehr kleben.

Für die Schokoladenglasur die Kuvertüre über einem Wasserbad schmelzen, die Orangenscheiben zur Hälfte in die Kuvertüre tauchen, mit ein paar Flocken Fleur de Sel bestreuen, auf Backpapier oder ein Backgitter legen und trocknen lassen.

# CRANBERRY-MUFFINS MIT LEBKUCHENSTREUSELN

ZUBEREITUNG 20 MINUTEN, RUHEZEIT 30 MINUTEN
BACKZEIT CA. 25 MINUTEN

## FÜR CA. 12 MUFFINS

### FÜR DIE LEBKUCHEN-STREUSEL

90 G MEHL
50 G ZUCKER
1 PÄCKCHEN VANILLEZUCKER
½ TL LEBKUCHENGEWÜRZ
50 G FLÜSSIGE BUTTER

### FÜR DIE MUFFINS

200 G CRANBERRYS
110 G ZUCKER
1 VANILLESCHOTE
125 G BUTTER
2 EIER
150 ML BUTTERMILCH
1 PRISE SALZ
180 G MEHL
1 TL BACKPULVER
1 TL NATRON
1 MSP. INGWER

### AUSSERDEM

PAPIERBACKFÖRMCHEN
12ER MUFFINBLECH

Für die Streusel Mehl, Zucker, Vanillezucker, Lebkuchengewürz und flüssige Butter in einer Schüssel mit einem Schneebesen zu Streuseln verarbeiten und mindestens 30 Minuten in den Kühlschrank stellen.

Den Backofen auf 170 °C Ober-/Unterhitze vorheizen.

Die Cranberrys waschen, gut trocknen und mit 40 g Zucker mischen. Die Vanilleschote längs halbieren und das Mark herauskratzen.

Butter, restlichen Zucker (70 g), Vanillemark, Eier, Buttermilch und Salz in einer Schüssel verrühren. Mehl, Backpulver, Natron und Ingwer untermischen. Die gezuckerten Cranberrys unterheben und den Teig gleichmäßig in die Papierbackförmchen geben und in die Mulden der Muffinform setzen.

Die Lebkuchenstreusel auf den Muffins verteilen, in der Mitte des Backofens ca. 25 Minuten backen und anschließend auf einem Kuchengitter abkühlen lassen.

Tipp

DA FRISCHE CRANBERRYS SEHR SAUER SIND, KÖNNEN SIE AUCH DURCH 50 G GETROCKNETE ERSETZT WERDEN. DIE STREUSEL KANN MAN GESCHMACKLICH AUCH MIT ZIMT, GERIEBENER TONKABOHNE ODER SPEKULATIUSGEWÜRZ VARIIEREN.

# CLEMENTINEN-MADELEINES

ZUBEREITUNG 20 MINUTEN, RUHEZEIT MINDESTENS 3 STUNDEN
BACKZEIT 10–12 MINUTEN

## FÜR CA. 20 STÜCK

120 G BUTTER
1 CLEMENTINE
125 G ZUCKER
1 EIGELB (GRÖSSE M)
1 PÄCKCHEN VANILLEZUCKER
ABRIEB EINER UNBEHANDELTEN ORANGE
80 G GEMAHLENE BLANCHIERTE MANDELN
1 TL BACKPULVER
125 G MEHL
2 EIWEISS (GRÖSSE M)

## AUSSERDEM

MADELEINE-BACKFORM

Butter in einem kleinen Topf schmelzen, vom Herd nehmen, beiseite stellen und vollständig abkühlen lassen.

Die Clementine schälen. Das Fruchtfleisch filetieren und klein schneiden.

Zucker mit Eigelb, Vanillezucker und Orangenabrieb verrühren. Gemahlene Mandeln, Backpulver und Mehl untermischen und zu einem Teig verrühren.

Das Eiweiß in einer Schüssel steif schlagen, den Eischnee vorsichtig unter die Teigmasse heben und anschließend die flüssige Butter nach und nach unterrühren. Clementinen-Stückchen untermengen. Dabei den Teig nicht mehr schlagen. Abgedeckt mindestens 3 Stunden (am besten über Nacht) im Kühlschrank ruhen lassen.

Den Backofen auf 190 °C Ober-/Unterhitze vorheizen.

Den Teig löffelweise in eine gefettete Madeleine-Backform geben und ca. 10–12 Minuten goldgelb backen. Die fertigen Madeleines aus der Backform stürzen und auf einem Kuchengitter abkühlen lassen.

Tipp

STATT DER FRISCHEN CLEMENTINE KÖNNEN AUCH EINGELEGTE ABGETROPFTE MANDARINEN AUS DER DOSE VERWENDET WERDEN.

# MAN SAGT, ER WOHNT AM **NORDPOL**

Die sternenklare Winternacht legt sich wie ein Schleier über die Weiten des Nordpols. Zarte Schneeflocken fallen stumm und gleichmäßig vom Himmel und legen sich sanft auf die Schneedecke. Die Stille ist so präsent, dass man sie besser hört als jedes andere Geräusch. Glöckchen klirren und Hufe treten ungeduldig auf der dichten Schneefläche hin und her. Die letzten Geschenke werden auf den großen hölzernen Schlitten geladen und fest verschnürt. Keines soll bei dem nächtlichen Flug verloren gehen. Dieses Jahr gab es wieder viele Briefe an Santa mit noch mehr Wünschen. Die Rentiere stecken ihre Köpfe zusammen und warten darauf, dass die lange Reise beginnt. Immer der roten Nase nach, welche die kühle Nacht in leuchtend rotes Licht taucht. Die Glöckchen der Rentiere klirren wild, als sich der Schlitten endlich in die luftige Höhe begibt. Unter den Schutz der Sterne beginnt die lange und spannende Reise.

# SCHOKOLADIGES

## SÜSSES, DAS AUF DER ZUNGE SCHMILZT

# DUNKLER CASHEW-SCHOKOLADENKUCHEN MIT KOKOSMILCH-GANACHE

ZUBEREITUNG 30 MINUTEN
BACKZEIT CA. 50–60 MINUTEN

## FÜR EINEN KUCHEN

### FÜR DEN KUCHEN

250 G ZARTBITTERSCHOKOLADE (MINDESTENS 70 %)
250 G BUTTER
1 VANILLESCHOTE
250 G CASHEWNÜSSE
5 EIER
250 G ZUCKER
1 PRISE SALZ
1 GEHÄUFTER TL BACKKAKAO
3 TL BACKPULVER

### FÜR DIE SCHOKOLADEN-GANACHE

170 ML FETTREICHE KOKOSMILCH
170 G ZARTBITTERSCHOKOLADE

### AUSSERDEM

HAUSHALTSMÜHLE
SPRINGFORM, 26 CM DURCHMESSER
ETWAS BUTTER ZUM EINFETTEN

Den Backofen auf 170 °C Ober-/Unterhitze vorheizen.

Für den Kuchen die Zartbitterschokolade klein hacken und mit der Butter im Wasserbad schmelzen. Die Vanilleschote längs halbieren und das Mark herauskratzen. Die Cashewnüsse fein mahlen. Die Springform mit Backpapier auslegen und die Ränder mit etwas Butter einfetten.

Eier mit Zucker, Salz und Vanillemark schaumig schlagen. Gemahlene Cashewnüsse, Kakaopulver und Backpulver dazugeben und gut verrühren. Zum Schluss die Schokoladen-Butter-Mischung unterrühren und den Teig in die Springform füllen. In der Mitte des Backofens ca. 50–60 Minuten backen (Stäbchenprobe).

Den fertigen Kuchen zunächst in der Springform auf einem Kuchengitter und dann vollständig im Kühlschrank abkühlen lassen, bevor die Ganache darauf verteilt wird.

Für die Ganache die Kokosmilch in einem Topf erhitzen. Schokolade klein hacken, in den Topf geben, schmelzen lassen und 2 Minuten leise köcheln lassen. In eine Rührschüssel gießen, abkühlen lassen und in den Kühlschrank stellen. Die Schokoladenmasse mit den Quirlen eines Handmixers cremig aufschlagen und die kalte Schokoladentorte damit bestreichen.

Tipp

DER KUCHEN SOLLTE VON INNEN NOCH KLEBRIG SEIN – ER IST DAHER SEHR SAFTIG UND DIE GANACHE IST NICHT UNBEDINGT NOTWENDIG.

# GRANOLAHÄUFCHEN MIT DATTELN UND SCHOKOLADE

ZUBEREITUNG 15 MINUTEN, BACKZEIT CA. 15 MINUTEN
RUHEZEIT MINDESTENS 1 STUNDE

## FÜR CA. 30 STÜCK

30 G PEKANNÜSSE
30 G WALNÜSSE
90 G HAFERFLOCKEN
30 G MANDELN MIT HAUT
2 EL SESAM
30 G KÜRBISKERNE
40 G SONNENBLUMENKERNE
2 EL KOKOSÖL
1 EL AHORNSIRUP
1 EL FLÜSSIGER HONIG
1 PRISE ZIMT
1 PRISE SALZ
70 G DATTELN
60 G KOKOSCHIPS
JE 100 G WEISSE, VOLLMICH- UND ZARTBITTERKUVERTÜRE

Den Backofen auf 170 ° Ober-/Unterhitze vorheizen.

Pekan- und Walnüsse grob zerstoßen.

Haferflocken mit Mandeln, Sesam, Kürbis- und Sonnenblumenkernen in einer großen Schüssel kräftig durchmischen. Zerstoßene Nüsse dazugeben und mit Kokosöl, Ahornsirup, Honig, Zimt und Salz so lange mischen, bis die Mischung gleichmäßig angefeuchtet ist.

Granola auf einem mit Backpapier ausgelegten Backblech verteilen, in der Mitte des Backofens ca. 15 Minuten backen. Nach 10 Minuten mit einem Kochlöffel das Granola auf dem Blech vermengen und weitere 5 Minuten rösten. Anschließend vollständig auf dem Backblech abkühlen lassen. Die Datteln klein schneiden, mit den Kokoschips dazugeben und untermischen.

Granolamenge dritteln, die Kuvertüre nacheinander im Wasserbad schmelzen und jeweils mit dem Granola vermischen, bis alles mit Schokolade überzogen ist. Zu Häufchen formen und nach Geschmack mit z.B. Pistazien, Kokosraspeln und getrockneten Früchten verzieren.

Tipp

EINFACH DIE DOPPELTE MENGE ZUBEREITEN, NACH DEM ABKÜHLEN INS VORRATSGLAS FÜLLEN UND ZUM FRÜHSTÜCK MIT JOGHURT UND FRISCHEN FRÜCHTEN SERVIEREN.

# MARZIPANKUGELN MIT ERDNUSSCREME-FÜLLUNG IM SCHOKOLADENMANTEL

ZUBEREITUNG 20 MINUTEN

### FÜR 35–40 STÜCK

350 G MARZIPAN
(REZEPT SEITE 149)
2–3 EL ERDNUSSBUTTER
150 G VOLLMILCHSCHOKOLADE
10 G KOKOSFETT
GESALZENE ERDNÜSSE ZUM VERZIEREN

### AUSSERDEM

SPRITZBEUTEL MIT LOCHTÜLLE

Aus dem Marzipan kirschengroße Kugeln formen. In die Mitte der Kugeln mit einem Teelöffel oder Finger einen kleine Kuhle drücken. Erdnussbutter in den Spritzbeutel geben und in die Kuhlen geben.

Die Schokolade grob hacken und mit Kokosfett im Wasserbad schmelzen. Die gefüllten Marzipankugeln auf eine Gabel legen, in die Schokolade tauchen, auf einem Backgitter platzieren und mit einer Erdnuss verzieren. Vollständig trocknen lassen.

Tipp

STATT DES SELBST GEMACHTEN MARZIPANS KANN AUCH MARZIPANROHMASSE VERWENDET WERDEN.

# HEFEKNOTEN
## MIT NOUGATFÜLLUNG

ZUBEREITUNG 20 MINUTEN, GEHZEIT 80 MINUTEN
BACKZEIT 40–45 MINUTEN

### FÜR EINEN KNOTEN

### FÜR DEN TEIG

20 G HEFE (CA. ½ WÜRFEL)
1 TL WEISSER ZUCKER
250 ML LAUWARME MILCH
80 G BUTTER
500 G MEHL
½ TL SALZ
60 G BRAUNER ZUCKER
1 EIGELB (GRÖSSE M)

### FÜR DIE NOUGATFÜLLUNG

125 G SCHNITTFESTER NOUGAT
80 G WEICHE BUTTER
3 EL SAHNE
1 EL BACKKAKAO
1 PRISE SALZ
60 G ZUCKER
2 TL ZIMT

### FÜR DIE GLASUR

1 EIGELB (GRÖSSE M)
1 EL MILCH

Die Hefe zerbröseln, mit dem weißen Zucker in 100 ml lauwarmer Milch auflösen und 10 Minuten gehen lassen. Die Butter in einem kleinen Topf schmelzen und abkühlen lassen.

Mehl mit Salz in einer Schüssel mischen und die Hefemilch dazugeben. Die flüssige Butter, die restliche Milch, den braunen Zucker und das Eigelb zugeben und zu einem geschmeidigen Teig verkneten. Zugedeckt an einem warmen Ort 1 Stunde gehen lassen.

Für die Füllung den Nougat klein schneiden und mit der Butter in einem kleinen Topf schmelzen. Sahne zugießen, Backkakao und Salz unterrühren. Den Topf vom Herd nehmen und etwas abkühlen lassen.

Den Teig nochmals durchkneten, dritteln und die Teigteile auf einer bemehlten Arbeitsfläche jeweils zu länglichen Streifen (ca. 15 × 60 cm) ausrollen. Zucker und Zimt mischen. Die Teigstreifen mit der Nougatmasse bestreichen. Dabei sollte ein Rand von ca. 1 cm frei bleiben. Zum Schluss mit der Zimt-Zucker-Mischung bestreuen.

Den Backofen auf 180 °C Ober-/Unterhitze vorheizen.

Die Teigstreifen jeweils von der langen Seite her aufrollen. Die Rollen längs durchschneiden und halbieren, sodass aus den 3 Teigrollen 6 halbe Rollen werden. Jeweils 3 halbe Rollen zusammenlegen, sodass sich 2 Teigteile ergeben, die weiter zu einem Knoten verarbeitet werden. Dazu die beiden 3er-Streifen mit der Schnittseite nach oben auf ein mit Backpapier ausgelegtes Backblech legen und in der Mitte überkreuzen lassen. Die Streifen von der Mitte aus abwechselnd mit einander verschlingen und flechten, sodass sich ein Knoten ergibt. Die Teigenden gut unter den Knoten drücken. Den Teigknoten noch einmal 10 Minuten ruhen lassen.

Für die Glasur das Eigelb mit der Milch verquirlen und den Teigknoten damit bestreichen. Anschließend in der Mitte des Backofens ca. 40–45 Minuten backen.

# PFEFFERMINZ-SCHOKOLADEN-PLÄTZCHEN

ZUBEREITUNG 20 MINUTEN, RUHEZEIT MINDESTENS 30 MINUTEN
BACKZEIT 15–20 MINUTEN

### FÜR 12 PLÄTZCHEN

- 125 G ZARTBITTERSCHOKOLADE
- 125 G WEICHE BUTTER
- 60 G PUDERZUCKER
- 60 G BRAUNER ZUCKER
- 1 PÄCKCHEN VANILLEZUCKER
- 1 PRISE SALZ
- 1 EI (GRÖSSE M)
- 150 G MEHL
- 1 TL BACKPULVER
- 30 G UNGESÜSSTES KAKAO-PULVER
- 150 G PFEFFERMINZ-SCHOKOLADEN-TÄFELCHEN

Zartbitterschokolade über einem Wasserbad schmelzen und etwas abkühlen lassen.

Butter, Puderzucker, braunen Zucker, Vanillezucker und Salz in einer Schüssel gut vermischen. Geschmolzene Schokolade unterrühren.

Wenn der Teig vollständig abgekühlt ist, das Ei zugeben und unterrühren. Anschließend Mehl, Back- und Kakaopulver untermischen und kurz verkneten. Die Pfefferminz-Schokoladen-Täfelchen zerkleinern und gleichmäßig unter den Teig mischen. In Frischhaltefolie gewickelt mindestens 30 Minuten im Kühlschrank ruhen lassen.

Den Backofen auf 180 °C Ober-/Unterhitze vorheizen.

Aus dem Teig ca. 12 gleich große Kugeln formen, auf ein mit Backpapier ausgelegtes Backblech legen und ca. 15–20 Minuten backen. Stäbchenprobe machen und ggf. 1–2 Minuten weiterbacken.

Kekse zunächst auf dem Backblech und anschließend auf einem Kuchengitter abkühlen lassen.

Tipp

NOCH „PFEFFERMINZIGER" WERDEN DIE KEKSE MIT EINIGEN TROPFEN PFEFFERMINZÖL.

# SCHOKO-MANDEL-GUGLHUPF
## MIT WEISSER KUVERTÜRE

ZUBEREITUNG 20 MINUTEN, BACKZEIT 1 STUNDE
RUHEZEIT MINDESTENS 1 STUNDE

### FÜR EINEN GUGLHUPF

250 G WEICHE BUTTER
250 G ZUCKER
4 EIER (GRÖSSE M)
1 PÄCKCHEN VANILLEZUCKER
1 TL ZIMT
1 TL DUNKLER KAKAO
125 ML DUNKLER JOHANNISBEERSAFT
200 G VOLLMILCH-SCHOKOLADENSTREUSEL
100 G GEMAHLENE MANDELN
1 PÄCKCHEN BACKPULVER
150 G MEHL
150 G WEISSE KUVERTÜRE

### AUSSERDEM

GUGLHUPF-BACKORM
BUTTER ZUM EINFETTEN

Butter, Zucker und Eier in einer Schüssel schaumig rühren. Vanillezucker, Zimt und Kakao zugeben. Johannisbeersaft zugießen und alles gut vermengen. Vollmilchschokoladen-streusel mit gemahlenen Mandeln und Backpulver untermischen. Zum Schluss das Mehl unterheben und alles zu einem geschmeidigen Teig verarbeiten.

Die Guglhupf-Backform mit Butter einfetten, Teig einfüllen und in der Mitte des Backofens ca. 1 Stunde backen. Den Kuchen in der Backform ganz abkühlen lassen und aus der Form stürzen.

Kuvertüre im Wasserbad schmelzen, über den kalten Kuchen gießen und trocknen lassen.

Tipp

ALS VARIANTE JE NACH GESCHMACK UND VERTRÄGLICHKEIT STATT DER MANDELN DIE PASSENDE NUSS ODER NUSSMISCHUNG AUSSUCHEN WIE Z.B. GEMAHLENE HASEL- ODER WALNÜSSE.

# WEISSE-SCHOKOLADEN-BLONDIES

ZUBEREITUNG 30 MINUTEN
BACKZEIT 20–25 MINUTEN

### FÜR CA. 12 STÜCK

- 150 G WEISSE SCHOKOLADE
- 1 VANILLESCHOTE
- 230 G ZIMMERWARME BUTTER
- 170 G ZUCKER
- 1 PÄCKCHEN VANILLEZUCKER
- 3 EIER (GRÖSSE M)
- 230 G MEHL
- 1 TL BACKPULVER
- 125 G GESALZENE MACADAMIA-NÜSSE

### AUSSERDEM

- ECKIGE BACKFORM, CA. 30 × 30 CM ODER BACKRAHMEN
- BUTTER ZUM EINFETTEN

Den Backofen auf 180 °C Ober-/Unterhitze vorheizen.

Die Schokolade klein hacken, die Vanilleschote längs aufschneiden und das Mark herauskratzen.

Butter mit Zucker, Vanillemark, Vanillezucker und Eiern schaumig schlagen. Mehl und Backpulver untermischen und zu einem cremigen Teig verarbeiten. Die gehackte Schokolade untermengen.

Den Boden der Backform mit Backpapier ausschlagen, den Rand mit Butter einfetten und den Teig darin verteilen. Die Macadamianüsse grob zerstoßen und den Teig damit gleichmäßig bestreuen.

In der Mitte des Backofens ca. 20–25 Minuten backen, abkühlen lassen und in Stücke schneiden.

# DER SCHNEE AUF DEN STRASSEN LIEGT **UNBERÜHRT**

Nur ab und zu kann man ein leises Knirschen unter sanften Sohlen vernehmen. Stiefelspuren, die der nächste Windhauch auch schon wieder verschwinden lässt. Der rote Mantel hält ihn schützend warm, die Handschuhe wärmen die Hände, welche die Geschenke tragen. In den Fenstern leuchten die Kerzen. Die Scheiben verzerren das Bild der Flamme, lassen sie unnatürlich groß und hell strahlend wirken. Herrliche Düfte entweichen den Häusern und treffen sich, als wären sie miteinander verabredet, auf den leeren Straßen. Ein kleines Schnuppern: Es riecht feierlich nach Braten, Rotkohl und Zimt. Leise Musik, lautes Lachen. Ein Stimmenmeer aus Gedichten und Liedern umgibt die Heilige Nacht. So unterschiedlich sie erklingen, so gleich sind sie in ihrer Gemeinsamkeit. Vertraute Umarmungen und liebevolle Worte umhüllen das Geschehen in den bunt geschmückten Häusern. Auf dem Gesicht von Santa breitet sich ein Lächeln aus, und obwohl er das gesellige Treiben nicht stören will, weiß er: Sie warten alle nur auf ihn.

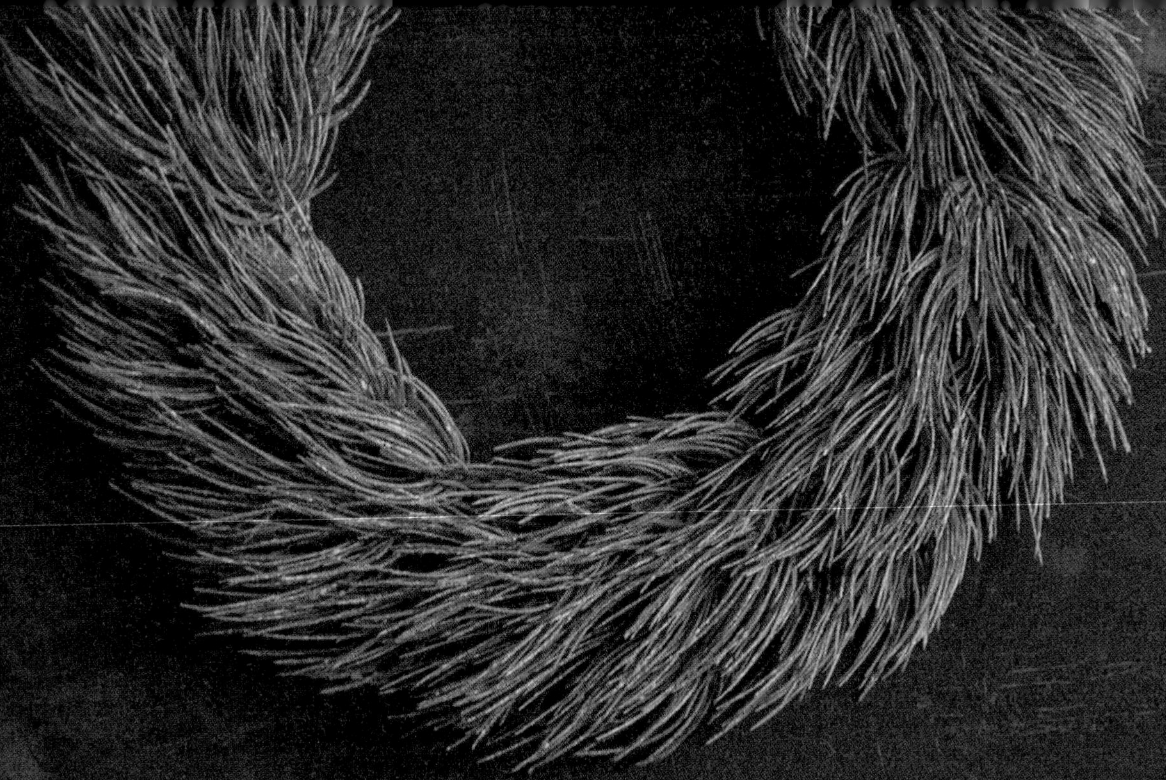

—

# WEITGEREISTES

KÖSTLICHES
VON ÜBERALLHER

# CHEESECAKE AUF KNUSPRIGEM HAFERFLOCKENBODEN

ZUBEREITUNG 30 MINUTEN, KÜHLZEIT 30 MINUTEN
BACKZEIT 60–65 MINUTEN

## FÜR EINEN CHEESECAKE

### FÜR DEN TEIGBODEN

200 G HAFERFLOCKENKEKSE (REZEPT SEITE 153)
90 G WEICHE BUTTER
40 G BRAUNER ZUCKER
½ TL ZIMT
1 PRISE INGWERPULVER

### FÜR DIE FÜLLUNG

4 EIER (GRÖSSE M)
180 G WEISSER ZUCKER
800 G DOPPELRAHMFRISCHKÄSE
200 G CRÈME FRAÎCHE
1 PÄCKCHEN VANILLEZUCKER
FLÜSSIGES VANILLEAROMA
1 UNBEHANDELTE ZITRONE
1 TL GERIEBENE UNBEHANDELTE ORANGENSCHALE

### AUSSERDEM

SPRINGFORM, DURCHMESSER 26 CM
BUTTER ZUM EINFETTEN

Für den Teigboden die Haferflockenkekse fein zerkrümeln und in einer Schüssel mit Butter, Zucker, Zimt und Ingwerpulver verkneten. Die Springform mit Backpapier auslegen und den Rand mit etwas Butter einfetten. Die Keksmasse in die Springform füllen, gleichmäßig z.B. mit einem Esslöffel in die Form drücken und mindestens 30 Minuten in den Kühlschrank stellen.

Den Backofen auf 180 °C Ober-/Unterhitze vorheizen.

Für die Füllung die Eier mit dem Zucker in einer Schüssel mit einem Handrührgerät schaumig rühren. Frischkäse, Crème fraîche, Vanillezucker und einige Tropfen Vanillearoma zugeben und kräftig zu einer cremigen Masse vermischen. Zitrone waschen, trocknen und die Schale mit einer feinen Reibe direkt in die Frischkäsemasse geben und umrühren. Eine Zitronenhälfte auspressen, den Saft mit der geriebenen Orangenschale in die Schüssel geben, umrühren und die Masse gleichmäßig auf dem Kekskrümelboden verteilen.

In der Mitte des Backofens ca. 20 Minuten bei 180 °C Ober-/Unterhitze backen. Dann die Temperatur auf 150 °C herunterschalten und weitere 40–45 Minuten backen.

Aus dem Ofen nehmen und vor dem Servieren vollständig in der Springform abkühlen lassen.

Tipp

DEN KALTEN KUCHEN MIT BLUTORANGENSCHEIBEN ODER IM SOMMER MIT FRISCHEN BEEREN VERZIEREN. FÜR DEN BODEN KÖNNEN AUCH GEKAUFTE HAFERFLOCKENKEKSE VERWENDET WERDEN.

# WINTERLICHES **CRANBERRY-FUDGE**

ZUBEREITUNG 40 MINUTEN
RUHEZEIT MINDESTENS 5 STUNDEN

### FÜR CA. 820 G

- 2 EL GETROCKNETE CRANBERRYS
- 1 VANILLESCHOTE
- 150 G WEISSE SCHOKOLADE
- 125 G BUTTER
- 400 G GEZUCKERTE KONDENSMILCH
- 250 G BRAUNER ZUCKER
- 30 G KARAMELLSIRUP
- 1 PRISE ZIMT
- 1 MSP. INGWER
- 1 MSP. MUSKAT
- 1 MSP. NELKEN
- 1 MSP. PIMENT

### AUSSERDEM

- QUADRATISCHE FORM, CA. 20 × 20 CM
- ZUCKERTHERMOMETER

Die getrockneten Cranberrys in kleine Stücke schneiden oder im Blitzhacker zerkleinern. Die Vanilleschote längs halbieren und das Mark herauskratzen. Die weiße Schokolade klein hacken. Die Backform mit Backpapier auslegen.

Butter bei niedriger Temperatur in einem Topf schmelzen. Gezuckerte Kondensmilch, braunen Zucker, Vanillemark mit der Vanilleschote und Karamellsirup zugeben und kurz zum Kochen bringen. Die Hitze reduzieren und die Masse ca. 12–15 Minuten auf kleiner Flamme einkochen lassen, bis die Fudge-Masse eine goldgelbe Farbe annimmt und leicht dickflüssig ist. Dabei immer wieder umrühren, damit die Masse nicht am Boden ansetzt. Die Temperatur sollte bei ca. 114 °C liegen und mit einem Zuckerthermometer kontrolliert werden.

Den Topf vom Herd ziehen, die Vanilleschote herausnehmen und die gehackte Schokolade untermischen, bis sie geschmolzen ist. Die klein geschnittenen Cranberrystücke mit den restlichen Gewürzen untermengen und die Fudge-Masse mit einem Kochlöffel kräftig weitere 10 Minuten rühren, bis sie zäher wird und nicht mehr glänzt.

Die Fudge-Masse in die Backform einfüllen und mindestens 5 Stunden abkühlen lassen.

Aus der Form stürzen und in kleine Würfel schneiden.

*Tipp*

STATT DER CRANBERRYS KÖNNEN ANDERE GETROCKNETE FRÜCHTE, NÜSSE, MEERSALZ, CHILI ODER ANDERE GEWÜRZE VERWENDET WERDEN. IN EIN HÜBSCHES GLAS VERPACKT, IST DAS FUDGE EIN SCHÖNES MITBRINGSEL AUS DER EIGENEN KÜCHE.

# PAVLOVA-KRANZ MIT GRANAT-APFELKERNEN

ZUBEREITUNG 15 MINUTEN, BACKZEIT 75 MINUTEN
RUHEZEIT MINDESTENS 3 STUNDEN

### FÜR EINEN KRANZ

### FÜR DEN PAVLOVA-KRANZ

4 EIWEISS (GRÖSSE M)
220 G FEINER WEISSER ZUCKER
1 EL SPEISESTÄRKE
1 TL WEISSWEINESSIG

### FÜR DAS TOPPING

200 G SAHNE
300 G GRANATAPFELKERNE
100 G KARAMELLISIERTE MANDELHOBEL (REZEPT SEITE 31)
6 GEZUCKERTE ROSMARIN-ZWEIGE (REZEPT SEITE 61)

Den Backofen auf 170 °C Ober-/Unterhitze vorheizen.

Für den Pavlova-Kranz das Eiweiß mit dem Handmixer in einer Schüssel steif schlagen, bis die Eiweißmasse glänzt. Den Zucker langsam einrieseln lassen, dabei weiterschlagen, bis sich aus der Eiweißmasse Spitzen ziehen lassen. Der Zucker sollte sich vollständig im Eischnee aufgelöst haben. Zum Schluss Stärke und Essig zugeben und gut unterrühren.

Die Eiweißmasse in gleich großen Portionen mit einem Esslöffel oder Eisportionierer im Kreis dicht an dicht auf ein mit Backpapier ausgelegtes Backblech geben.

Das Backblech in der Mitte des Ofens platzieren, die Temperatur auf 100 °C reduzieren und für 75 Minuten im Ofen backen. Anschließend den Ofen ausschalten und bei geöffneter Ofentür vollständig abkühlen und trocknen lassen.

Für das Topping die Sahne steif schlagen und auf dem Pavlova-Kranz verteilen. Granatapfelkerne daraufgeben und karamellisierte Mandelhobel darüberstreuen. Die gezuckerten Rosmarinzweige auf dem Kranz verteilen und sofort servieren.

Tipp

DIE ÜBRIG GEBLIEBENEN EIGELBE FÜR EINFACHE BUTTERKEKSE (REZEPT SEITE 157) VERWENDEN. DIE PAVLOVA-HÄUFCHEN LASSEN SICH SCHÖN GLEICHMÄSSIG VERTEILEN, WENN VORHER AUF DER RÜCKSEITE DES BACKPAPIERS EIN KREIS AUFGEMALT WIRD.

# PROFITEROLES
## MIT SPEKULATIUS-MASCARPONECREME

ZUBEREITUNG 40 MINUTEN, RUHEZEIT 4 STUNDEN
BACKZEIT CA. 20 MINUTEN

### FÜR CA. 15–20 STÜCK

### FÜR DIE SPEKULATIUS-CREME

1 SEHR FRISCHES EI (GRÖSSE M)
125 G ZUCKER
250 G MASCARPONE
½ TL SPEKULATIUSGEWÜRZ

### FÜR DEN TEIG

40 G BUTTER
1 PRISE SALZ
125 ML WASSER
80 G MEHL
2 EIER (GRÖSSE M)

### FÜR DIE SCHOKO-LADENGLASUR

100 G ZARTBITTERKUVERTÜRE

### AUSSERDEM

SPRITZBEUTEL MIT LOCH- UND DÜNNER ROHRTÜLLE

Für die Spekulatiuscreme das Ei trennen. Eigelb mit Zucker schaumig schlagen und mit Mascarpone und Spekulatiusgewürz verrühren. Eiweiß steif schlagen, unter die Mascarponecreme heben und für mindestens 4 Stunden in den Kühlschrank stellen.

Den Backofen auf 200 °C Ober-/Unterhitze vorheizen.

Für den Teig Butter und Salz mit dem Wasser in einem Topf aufkochen. Das Mehl auf einmal zugeben und die Teigmasse mit einem Kochlöffel so lange kräftig rühren, bis sich ein Teigkloß und eine weiße Schicht am Topfboden bilden. Den Topf vom Herd nehmen, den Teig etwas abkühlen lassen und die Eier nacheinander mit dem Kochlöffel oder einem Handmixer in den Teig einarbeiten.

Den Teig in einen Spritzbeutel mit Lochtülle füllen und auf ein mit Backpapier ausgelegtes Backblech ca. 15–20 walnussgroße Häufchen geben. Da die Profiteroles aufgehen, sollten sie etwas Abstand auf dem Backblech haben. In der Mitte des Backofens ca. 20 Minuten goldbraun backen und auf einem Kuchengitter abkühlen lassen.

Die Spekulatiuscreme in einen Spritzbeutel mit dünner Rohrtülle füllen. Die Tülle in die Profiteroles stechen und diese füllen.

Für die Schokoladenglasur die Kuvertüre im Wasserbad schmelzen. Die Profiteroles kopfüber hineindippen und trocknen lassen.

Tipp

DIE PROFITEROLES KÖNNEN AUCH STATT MIT SCHOKOLADEN-DIPP EINFACH MIT PUDERZUCKER BESTÄUBT WERDEN.

# LAVENDEL-
# SHORTBREAD

ZUBEREITUNG 15 MINUTEN, RUHEZEIT 30 MINUTEN
BACKZEIT 30–35 MINUTEN

### FÜR CA. 12–15 STÜCK

125 G KALTE, GESALZENE BUTTER
130 G MEHL (TYPE 550)
60 G REISMEHL
60 G ZUCKER
1–2 TROPFEN LAVENDELÖL
(ZUM VERZEHR GEEIGNET)
1 VANILLESCHOTE
1 PÄCKCHEN VANILLEZUCKER

### AUSSERDEM

HOLZSTÄBCHEN

Den Backofen auf 200 °C Ober-/Unterhitze vorheizen.

Butter in Würfel schneiden und mit Mehl, Reismehl, Zucker und Lavendelöl in eine Schüssel geben. Die Vanilleschote längs aufschneiden, das Mark herauskratzen, zum Teig geben und alles gut zu einem glatten Teig verarbeiten. Den Teig zur Kugel formen, in Frischhaltefolie wickeln und 30 Minuten im Kühlschrank ruhen lassen.

Anschließend den Teig ca. 1 cm dick ausrollen und ein Rechteck von ca. 10 × 30 cm formen und auf ein mit Backpapier ausgelegtes Backblech legen. Die Teigplatte von der kurzen Seite her mit dem Messer in ca. 2 cm breite Streifen schneiden, sodass sich ca. 12–15 Shortbread-Streifen in 10 cm Länge ergeben. Den Teig mit einer Gabel oder einem Holzstäbchen mehrfach einstechen.

In der Mitte des Backofens ca. 30–35 Minuten backen. Aus dem Ofen nehmen und das Gebäck noch heiß mit Vanillezucker bestreuen. Frisch aus Ofen sind die Shortbread-Streifen sehr zerbrechlich. Am besten erst auf dem Backblech und dann über Nacht auf einem Backgitter ganz auskühlen lassen.

Tipp

DAS SHORTBREAD SCHMECKT AUCH MIT GERIEBENER ZITRONEN- ODER ORANGENSCHALE, KAKAOPULVER, NÜSSEN, GETROCKNETEN FRÜCHTEN ODER GANZ KLASSISCH OHNE AROMEN.

# GEFÜLLTE **SPEKULATIUS-SCHNITTCHEN**

ZUBEREITUNG 30 MINUTEN, RUHEZEIT 30 MINUTEN
BACKZEIT 20–25 MINUTEN

## FÜR CA. 12 STÜCK

### FÜR DEN TEIG

100 G WEICHE BUTTER
200 G MEHL
1 PÄCKCHEN BACKPULVER
50 G BRAUNER ZUCKER
50 G PUDERZUCKER
2 EL SPEKULATIUSGEWÜRZ (REZEPT SEITE 51)
1 PRISE SALZ
5 EL MILCH
200 G MARZIPANROHMASSE

### FÜR DIE GLASUR

1 EIGELB (GRÖSSE M)
1 EL MILCH

### AUSSERDEM

MANDELN ZUR DEKORATION

Den Backofen auf 180 °C Ober-/Unterhitze vorheizen.

Für den Teig Butter mit Mehl, Backpulver, braunem Zucker, Puderzucker, Spekulatiusgewürz und Salz in eine Schüssel geben und zu einem krümeligen Teig verkneten. Nach und nach die Milch zufügen, bis der Teig eine geschmeidige Konsistenz hat. Den Teig in Frischhaltefolie wickeln und für 30 Minuten im Kühlschrank ruhen lassen.

Auf einer bemehlten Arbeitsfläche den Teig ca. 5 mm dick zu einem ca. 20 × 40 cm großen Rechteck ausrollen und in der Mitte halbieren, so dass sich zwei Teigplatten à 20 × 20 cm ergeben. Eine Hälfte auf ein mit Backpapier ausgelegtes Backblech legen. Die Marzipanrohmasse ebenfalls in der Größe einer Teighälfte ausrollen und auf den Teig legen. Die andere Teighälfte auf dem Marzipan platzieren.

Für die Glasur das Eigelb mit der Milch verquirlen und die Teigplatte damit bestreichen. Nach Wunsch mit Mandeln verzieren und ca. 20–25 Minuten in der Mitte des Ofens backen.

Bevor der Kuchen in Stücke geschnitten wird, vollständig abkühlen lassen.

Tipp

NOCH AROMATISCHER SCHMECKEN DIE SPEKULATIUS-SCHNITTCHEN MIT SELBST GEMACHTEM MARZIPAN (REZEPT SEITE 149).

# WINDRÄDER MIT FEIGENKONFITÜRE

ZUBEREITUNG 40 MINUTEN, RUHEZEIT 3 STUNDEN
BACKZEIT 12–15 MINUTEN

### FÜR CA. 8 STÜCK

### FÜR DIE FEIGENKONFITÜRE

380 G REIFE FEIGEN
1 UNBEHANDELTE ZITRONE
1 UNBEHANDELTE ORANGE
20 G PINIENKERNE
170 G GELIERZUCKER 3:1

### FÜR DIE WINDRÄDER

250 G MEHL
125 G WEICHE BUTTER
1 PRISE KARDAMOM
1 PRISE ZIMT
1 PÄCKCHEN VANILLEZUCKER
1 EIGELB
200 G DOPPELRAHM-FRISCHKÄSE

### FÜR DIE GLASUR

1 EIGELB (GRÖSSE M)
1 EL MILCH

### AUSSERDEM

STABMIXER

Feigen waschen, trocknen und achteln. Zitrone und Orange heiß abspülen, trocknen und die Schale fein reiben. Zitrone und Orange jeweils halbieren und auspressen. Pinienkerne in einer Pfanne ohne Öl goldbraun rösten. Feigen, Zitronen- und Orangenabrieb und Fruchtsaft in einen Topf geben und 5 Minuten leicht sprudelnd köcheln lassen. Die Feigen mit einem Stabmixer fein pürieren, Gelierzucker unter Rühren zugeben und nach Packungsanweisung aufkochen. Zum Schluss die Pinienkerne unterheben. Die Feigenkonfitüre in ein steriles Glas abfüllen, abkühlen lassen und im Kühlschrank lagern.

Den Backofen auf 200 °C Ober-/Unterhitze vorheizen.

Für die Windräder Mehl, Butter, Kardamom, Zimt, Vanillezucker und Eigelb zu einer krümeligen Masse verkneten. Frischkäse zugeben und zu einem geschmeidigen Teig verarbeiten. In Frischhaltefolie wickeln und ca. 3 Stunden im Kühlschrank kalt stellen.

Den Teig auf einer bemehlten Arbeitsfläche ca. 5 mm dick ausrollen und in ca. 10 × 10 cm gleich große Quadrate schneiden. Die Teig-Quadrate auf ein mit Backpapier ausgelegtes Backblech legen. Jedes Quadrat an den Ecken zur Mitte hin ca. 3 cm mit einer Schere einschneiden. Mittig auf jedes Quadrat einen Teelöffel Feigenkonfitüre geben und jeden zweiten Teigzipfel zur Mitte hin wie ein Windrad falten. Die überlappenden Teigzipfel vorsichtig zusammendrücken.

Für die Glasur das Eigelb mit der Milch verquirlen und die Teigzipfel damit bestreichen.

Die Windräder in der Mitte des Backofens ca. 12–15 Minuten goldgelb backen. Zunächst auf dem Backblech und dann auf einem Kuchengitter ganz abkühlen lassen.

Tipp

DIE FEIGENKONFITÜRE SCHMECKT ZUM FRÜHSTÜCK ODER AUCH ALS TOPPING ZU KÄSE.

# UNTER DEM FESTLICH GESCHMÜCKTEN **WEIHNACHTSBAUM**

Die Lichterketten funkeln abwechselnd rot und gelb, blau und grün, aber nichts funkelt so sehr wie die Vorfreude in ihren Augen. Gleich wird sie Santa sehen, wie er sich durch den Kamin in die Wohnung schleicht. Die Kekse und das Glas Milch hat sie bereitgestellt. Er ist sicher hungrig nach der langen Reise, denn er hat eine lange Strecke hinter sich gebracht und viele Wunschzettel gelesen und erfüllt. Während sie angestrengt lauscht, wann Santa endlich kommt, fallen ihr langsam vor Müdigkeit die Augen zu. Erst das Glöckchenklingeln lässt sie wieder erwachen, doch als sie den Raum betritt, ist alles schon geschehen. Die Kekse und die Milch sind weg und unter der Tanne warten herrlich bunt verpackte Geschenke – große und kleine, runde und eckige – auf sie. Auch der Blick aus dem Fenster zeigt nur kleine weiße Flöckchen, die auf und ab tanzen. Santa ist schon weitergezogen auf seiner langen Reise.

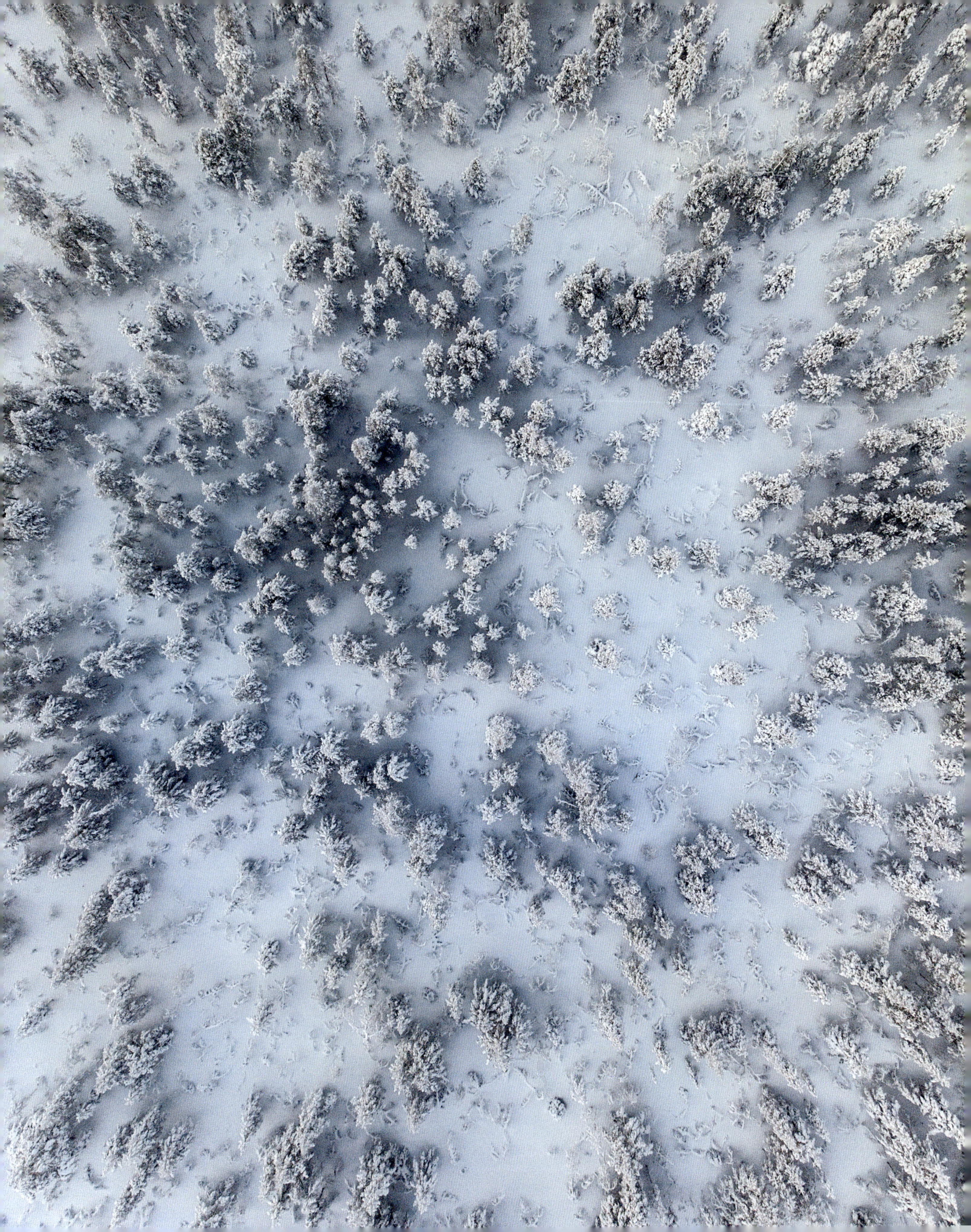

# ZUCKERSÜSSES

## KLEINIGKEITEN ZUM ÜBERRASCHEN

# SALZIGE KARAMELL-BONBONS
## MIT SCHOKOLADEN-DIP

ZUBEREITUNG 15 MINUTEN
RUHELZEIT MINDESTENS 1 STUNDE

### FÜR CA. 500 G BONBONS

150 G ZUCKER
125 ML SAHNE
180 G GESALZENE BUTTER
100 G ZARTBITTERSCHOKOLADE
10 G KOKOSFETT
FLEUR DE SEL

### AUSSERDEM

ECKIGE BACKFORM, CA. 20 × 25 CM (ODER BACKBLECH)

Die Backform mit Backpapier auslegen.

Zucker in einer Pfanne bei mittlerer Hitze karamellisieren. Sahne und gesalzene Butter zugeben und gut einrühren.

Sahnemasse ca. 10 Minuten köcheln lassen. Dabei ständig mit einem Kochlöffel weiterrühren, bis die Masse Bläschen wirft. Sobald dies der Fall ist und die Farbe des Karamells golden bis kupferfarbig ist, die Pfanne vom Herd nehmen, die Masse in die Backform oder auf das Backblech gießen und abkühlen lassen.

Während des Abkühlens immer wieder die Festigkeit überprüfen, denn wer Karamell in eckige Bonbons schneiden möchte, muss dies tun, bevor die Masse ganz hart geworden ist. Oder abgekühlt in kleine, mundgerechte Stücke zerbrechen.

Zartbitterschokolade mit dem Kokosfett im Wasserbad schmelzen. Die fertigen Karamellbonbons nach Wunsch in die Schokolade dippen und auf einem Kuchengitter abkühlen lassen.

Einige Flocken Fleur de Sel zur Dekoration über die fertigen Karamellbonbons streuen.

### Tipp

STATT GESALZENER BUTTER KANN AUCH EINFACHE BUTTER VERWENDET WERDEN. GEWÜRZE WIE VANILLE ODER TONKABOHNE, GEHACKTE NÜSSE ODER AUCH SESAMSAMEN SIND SCHÖNE BONBON-VARIATIONEN. EINZELN IN PAPIER ODER IN EIN SCHÖNES GLAS VERPACKT, SIND KARAMELLBONBONS EIN WUNDERBARES MITBRINGSEL AUS DER KÜCHE.

# TONKA-VANILLE-KIPFERL

ZUBEREITUNG 15 MINUTEN, RUHEZEIT 1 STUNDE
BACKZEIT 12–15 MINUTEN

## FÜR CA. 35 STÜCK

125 G KALTE BUTTER
1 TONKABOHNE
40 G PUDERZUCKER
1 EIGELB
1 PÄCKCHEN BOURBON-VANILLE-ZUCKER
1 VANILLESCHOTE
80 G GEMAHLENE GESCHÄLTE MANDELN
150 G MEHL

## ZUM WÄLZEN

100 G PUDERZUCKER

Die Butter in Würfel schneiden, die Tonkabohne fein reiben, den Puderzucker sieben, alles in eine Schüssel geben und mit dem Eigelb und dem Vanillezucker cremig schlagen. Die Vanilleschote längs aufschneiden, das Mark herauskratzen und mit den gemahlenen Mandeln und dem Mehl in die Schüssel geben. Alles zu einem geschmeidigen Teig verarbeiten. Den Teig zu einer Rolle mit einem Durchmesser von ca. 5 cm formen, in Frischhaltefolie wickeln und im Kühlschrank mindestens eine Stunde kalt stellen.

Den Ofen auf 170 °C Ober-/Unterhitze vorheizen.

Von der Teigrolle ca. 1 cm dicke Scheiben abschneiden, zu Kipferln formen und auf ein mit Backpapier ausgelegtes Backblech legen.

In der Mitte des Backofens ca. 12–15 Minuten goldgelb backen.

Puderzucker zum Wälzen in einen tiefen Teller geben und die Kipferl noch heiß darin wenden.

# KLASSISCHES **MARZIPAN**

ZUBEREITUNG 30 MINUTEN

### FÜR CA. 350 G MARZIPAN

200 G MANDELN MIT HAUT

1 L WASSER

150 G PUDERZUCKER

1–2 EL ROSENWASSER

### AUSSERDEM

HAUSHALTSMÜHLE

Die Mandeln in einen Topf mit dem Wasser geben und zum Kochen bringen. Bei mittlerer Hitze 2 Minuten leicht sprudelnd köcheln lassen. Die Mandeln abgießen, gut abtropfen und ca. 5 Minuten abkühlen lassen.

Die Mandeln mit den Fingern aus der Haut drücken, mit einem Küchentuch abtrocknen und in einer Haushaltsmühle sehr fein mahlen. Den Puderzucker sieben und mit den gemahlenen Mandeln vermengen. Das Rosenwasser zugießen und zu einer geschmeidigen Masse verkneten. Falls die Masse zu trocken ist, eventuell noch etwas Rosenwasser untermengen.

In Frischhaltefolie im Kühlschrank bis zur weiteren Verarbeitung aufbewahren.

Tipp

SELBST GEMAHLENE MANDELN HABEN EIN INTENSIVERES AROMA ALS BEREITS FERTIG ABGEPACKTE. TROTZDEM SIND GEKAUFTE UND BEREITS FERTIG GEMAHLENE MANDELN EINE ALTERNATIVE, WENN ES SCHNELL GEHEN MUSS. MARZIPANROHMASSE BESTEHT ZU ZWEI TEILEN AUS MANDELN UND ZU EINEM TEIL AUS PUDERZUCKER. MARZIPAN ENTHÄLT NOCH ZUSÄTZLICHEN PUDERZUCKER.

# HONIG-KARAMELL-WALNÜSSE MIT SESAM

ZUBEREITUNG 10 MINUTEN
RUHEZEIT 30 MINUTEN

### FÜR CA. 200 G

1 EL BUTTER
60 G HONIG
1 PRISE ZIMT
200 G GANZE WALNÜSSE MIT HAUT
1 EL SESAMSAAT

Butter in einer Pfanne schmelzen, Honig mit Zimt einrühren und bei mittlerer Hitze leise sprudelnd aufkochen lassen. Walnüsse hineingeben, gut verrühren, bis alle Nüsse gleichmäßig benetzt sind und ca. 1 Minute leise köcheln lassen.

Die Walnüsse einzeln mit einer Gabel aus der Pfanne heben, mit Sesamsamen bestreuen und auf einem Kuchengitter trocknen lassen.

Tipp

DIE WALNÜSSE SCHMECKEN NICHT NUR SOLO, SONDERN PASSEN AUCH ALS VERZIERUNG Z.B. ZU DEN KLEINEN MANDELLIKÖR-TÖRTCHEN (REZEPT SEITE 23).

# HAFERFLOCKENKEKSE
## MIT VANILLE UND EINER PRISE ZIMT

ZUBEREITUNG 10 MINUTEN
BACKZEIT CA. 15 MINUTEN

### FÜR CA. 25 KEKSE

- 1 VANILLESCHOTE
- 200 G WEICHE BUTTER
- 250 G BRAUNER ZUCKER
- 1 EI (GRÖSSE M)
- 130 G MEHL
- 1 TL BACKPULVER
- ½ TL NATRON
- ½ TL SALZ
- 1 PRISE ZIMT
- 250 G ZARTE HAFERFLOCKEN

Den Backofen auf 180 °C Ober-/Unterhitze vorheizen.

Die Vanilleschote längs halbieren, das Mark herauskratzen und mit der Butter, dem Zucker und dem Ei in einer Schüssel schaumig schlagen. Mehl, Backpulver, Natron, Salz und Zimt zugeben und mit den Haferflocken kräftig mischen und verkneten.

Ein Backblech mit Backpapier auslegen und aus dem Teig ca. 25 gleich große Bällchen formen. Die Teigbällchen nicht zu eng aneinander auf das Backblech legen und leicht flach drücken.

In der Mitte des Backofens ca. 15 Minuten goldbraun backen. Die Kekse zunächst auf dem Backblech und dann auf einem Kuchengitter vollständig abkühlen lassen.

Tipp

HAFERFLOCKENKEKSE ZUR HÄLFTE IN SCHOKOLADE EINTAUCHEN ODER AUCH ALS BODEN FÜR DEN CHEESECAKE (REZEPT SEITE 121) VERWENDEN.

# MARZIPANPRALINEN MIT SCHOKOLADEN-STREUSELN

ZUBEREITUNG 30 MINUTEN
RUHEZEIT 2 STUNDEN

### FÜR CA. 20 STÜCK

100 G ZARTBITTERKUVERTÜRE
50 G DUNKLE SCHOKOLADENSTREUSEL
200 G MARZIPAN (REZEPT SEITE 149)

Zartbitterkuvertüre im Wasserbad schmelzen und etwas abkühlen lassen. Schokoladenstreusel in eine kleine Schale streuen.

Aus dem Marzipan eine Rolle formen und 20 etwa gleich große Stücke abschneiden. Aus den Stückchen kleine Eicheln formen, jeweils das obere Ende in die Kuvertüre tauchen, etwas abtropfen lassen und in den Schokoladenstreuseln wälzen.

Zum Trocknen mit der schokolierten Seite auf Backpapier legen.

Tipp

DIE MARZIPANROLLE TEILEN, DIE EINE HÄLFTE MIT ETWAS KAKAOPULVER BESTÄUBEN UND ANSCHLIESSEND FORMEN.

# ZARTE BUTTERKEKSE
## MIT ZITRONENGLASUR

ZUBEREITUNG 15 MINUTEN, RUHEZEIT 1 STUNDE
BACKZEIT 12–14 MINUTEN

### FÜR CA. 50 KEKSE

### FÜR DEN TEIG

1 UNBEHANDELTE ZITRONE
250 G ZIMMERWARME BUTTER
120 G ZUCKER
5 EIGELB (GRÖSSE M)
370 G MEHL
1 PRISE SALZ

### FÜR DIE GLASUR

250 G PUDERZUCKER
2 EL ZITRONENSAFT

### AUSSERDEM

AUSSTECHFORMEN

Die Zitrone heiß abwaschen, trocknen und die Schale fein reiben. Die Butter, den Zucker und das Eigelb in einer Schüssel schaumig schlagen. Das Mehl sieben, mit dem Salz und dem Zitronenabrieb dazugeben und verkneten. Den Teig in Frischhaltefolie wickeln und mindestens eine Stunde in den Kühlschrank stellen.

Den Backofen auf 200 °C Ober-/Unterhitze vorheizen.

Den Teig ca. 1 cm dick ausrollen, die gewünschte Form ausstechen, auf ein mit Backpapier ausgelegtes Backblech legen und 12–14 Minuten goldbraun backen.

Die Kekse zunächst auf dem Backblech und anschließend auf einem Kuchengitter vollständig abkühlen lassen.

Für die Zitronenglasur den Puderzucker sieben und mit dem Zitronensaft kräftig vermischen. Fällt die Mischung zu flüssig aus, einfach etwas mehr Puderzucker dazugeben.

Die abgekühlten Kekse mit der Glasur bestreichen, nach Lust und Laune verzieren und so lange trocknen lassen, bis die Glasur fest geworden ist. Erst danach in der Keksdose lagern.

Tipp

OHNE AUSSTECHFORMEN GEHT ES AUCH. DAZU EINFACH DEN TEIG VIERTELN, ZU GLEICH GROSSEN ROLLEN FORMEN, 1 CM DICKE SCHEIBEN ABSCHNEIDEN, IN ZUCKER WÄLZEN UND WIE OBEN BESCHRIEBEN BACKEN. DIE GLASUR LÄSST SICH MIT EIN PAAR TROPFEN LEBENSMITTELFARBE BUNT EINFÄRBEN. DAS ÜBRIG GEBLIEBENE EIWEISS FÜR EINEN PAVLOVA-KRANZ (REZEPT SEITE 125) ODER ZIMTSTERNE (REZEPT SEITE 53) VERWENDEN.

# ÜBER DIE **AUTORINNEN**

**Auf Hello Snow folgte Hola Sol als Sommer-Kochbuch – jetzt war es wieder an der Zeit, ein Buch für die kuschelige Winterzeit zu entwickeln und umzusetzen.**

**Vera (links)** – Ein Job am Rechner, Layouten, Entwerfen, Gestalten – das macht Vera mit Begeisterung. Im Winter macht sie es sich dann gerne besonders gemütlich: gedämpftes Licht, langsame Musik, ein guter Kaffee und dazu leckeres Gebäck. Es darf nur nicht zu viel davon auf ihrem Schreibtisch stehen, denn sonst wird es komplett aufgegessen – innerhalb kürzester Zeit.
Die Kommunikationsdesigerin und Dozentin hat schon viele verschiedene Buch- und Magazinkonzepte entwickelt und bis zum Druck begleitet. Sie betreibt das Designbüro vrej in Köln zusammen mit ihrem Geschäftspartner Jens Rehling.

**Saskia (Mitte)** – Weihnachten und die gemütliche Adventszeit ohne den wohlig leckeren Duft aus dem Backofen – undenkbar!
Saskia lebt in Hamburg, hat Betriebswirtschaft studiert, entwickelt heute Rezepte, ist Ernährungscoach und kocht, backt, stylt, fotografiert und schreibt aus Leidenschaft für ihren Blog Dee's Küche, der ursprünglich als erstes Kochbuch für ihre Kinder gedacht war.

**Julia (rechts)** – Julia durfte für dieses Buch wieder ihre Nase in die kalte Polarluft halten. Die nötigen Motive waren bereits im Vorfeld klar in ihrem Kopf skizziert. Als dann aber unerwartet Polarlichter zu sehen waren, tauschte sie beherzt Schlafanzug gegen Kamera und mehrere Schichten Winterkleidung und ist für uns nochmal losgezogen.
Julia ist gelernte Fotografin und studierte Foto-Designerin. Sie hat 5 Jahre in New York gearbeitet, bis Hamburg ihr neues Zuhause wurde. Dort fotografiert sie für verschiedene Projekte rund um das Thema Essen. Darunter ist auch ihr Blog Liz&Jewels. Ihre liebsten Gäste in der Küche sind ihr Mann und ihre zwei Töchter.

# TIPPS
## ZUM BACKEN

## BACKZEITEN

Die Backzeiten unterscheiden sich von Ofen zu Ofen. Unsere Rezepte sind ausschließlich im Elektroherd bei Ober-/Unterhitze gebacken. Die Temperaturangaben können bei Gasöfen und beim Backen mit Umluft abweichen. Bei Umluft müssen die angegebenen Temperaturen normalerweise um 20 °C reduziert werden.

## STÄBCHENPROBE

Mit der Stäbchenprobe wird getestet, ob ein Teig den richtigen Garpunkt erreicht hat. Dafür wird ein Holzstäbchen in die Mitte des Gebäcks gestochen und wieder herausgezogen. Bleibt kein flüssiger Teig mehr am Stäbchen kleben, ist das Gebäck gar.

## ZITRUSFRÜCHTE

Zitrusfrüchte, deren Schale genutzt werden soll, sollten in Bio-Qualität sein und unbehandelte Schalen haben.

## EIER

Eier sollten stets frisch und in Bio-Qualität sein. Bitte die Größenangaben beachten.

## HEFE

Frische Hefe reagiert auf Luft, Wärme und Zucker. Je höher die Temperatur, desto schneller ist die Reaktion der lebenden Hefezellen. Ideal ist eine Temperatur von ca. 32 °C; sie darf aber nicht höher als 40 °C sein. Alternativ kann Trockenhefe verwendet werden. Sie wird direkt unter das Mehl gemischt, womit ein Vorteig, wie bei frischer Hefe notwendig, überflüssig ist.

## MEHL

In diesem Buch wird für Kuchen und Gebäck meist Mehl Type 405 verwendet. Es wird nur eine Typenbezeichnung angegeben, wenn kein Mehl Type 405 verwendet wird.

## WASSERBAD

Ein Wasserbad ermöglicht die schonende, gleichmäßige Erwärmung von bestimmten Speisen und vor allem das langsame Schmelzen von Schokolade und Kuvertüren. Dafür wird etwas Wasser in einem Topf leicht erhitzt, eine Schüssel (oder eine Schmelzschale) in den Topf gehängt und über dem Wasser platziert. Die Schüssel muss etwas größer als der Topf sein und sie sollte keinen Kontakt zum Wasser haben. Das Wasser sollte nicht kochen und nicht in die Schüssel mit dem Lebensmittel gelangen.

## MÜLL VERMEIDEN

Um Plastik zu sparen, sollten wiederverwendbare Spritzbeutel benutzt werden. Wer keine hat, kann einen Tiefkühlbeutel mit der Masse befüllen und eine Ecke in der gewünschten Größe abschneiden. Statt in Frischhaltefolie können die Teige auch in luftdicht verschließbaren Dosen ruhen.

# REGISTER

A
AMARENAKIRSCHEN-
MOHN-ROLLE – **S. 73**
APFELTARTE MIT ZIMT AUF
QUITTENGELEEBODEN – **S. 75**

B
BLUTORANGEN-KUCHEN
MIT KÜRBISKERN-CRUNCH – **S. 77**
BUTTERKEKSE MIT ZITRONENGLASUR,
ZARTE – **S. 157**

C
CASHEW-SCHOKOLADENKUCHEN
MIT KOKOSMILCH-GANACHE,
DUNKLER – **S. 97**
CHEESECAKE AUF KNUSPRIGEM
HAFERFLOCKENBODEN – **S. 121**
CLEMENTINEN-MADELEINES – **S. 87**
CRANBERRY-FUDGE,
WINTERLICHES – **S. 123**
CRANBERRY-MUFFINS MIT
LEBKUCHENSTREUSELN – **S. 85**

D
DUNKLER CASHEW-
SCHOKOLADENKUCHEN
MIT KOKOSMILCH-
GANACHE – **S. 97**

E
ERDNUSSBUTTERPLÄTZCHEN
MIT SCHOKOTROPFEN – **S. 21**

G
GEBRANNTE MANDELHOBEL – **S. 31**
GEFÜLLTE SPEKULATIUS-
SCHNITTCHEN – **S. 131**
GEWÜRZMISCHUNGEN,
WEIHNACHTLICHE – **S. 51**
GEZUCKERTE ROSMARINZWEIGE – **S. 61**
GRANOLAHÄUFCHEN MIT
DATTELN UND SCHOKOLADE – **S. 99**

H
HAFERFLOCKENKEKSE MIT VANILLE
UND EINER PRISE ZIMT – **S. 153**
HEFEKNOTEN MIT
NOUGATFÜLLUNG – **S. 103**
HEFEZUPFBROT MIT
HASELNUSSKROKANT – **S. 25**
HONIG-KARAMELL-WALNÜSSE
MIT SESAM – **S. 151**
HONIGKUCHEN MIT WALNÜSSEN UND
GETROCKNETEN KIRSCHEN – **S. 59**

K
KAKAO-MANDEL-KEKSE – **S. 33**
KANDIERTE ORANGEN IN
ZARTBITTERGLASUR – **S. 83**
KARAMELLBONBONS MIT
SCHOKOLADEN-DIP, SALZIGE – **S. 145**
KLASSISCHES MARZIPAN – **S. 149**
KNUSPRIGE ZIMTSTERNE – **S. 53**

L
LAVENDEL-SHORTBREAD – **S. 129**
LEBKUCHENGEWÜRZ – **S. 51**
LEBKUCHENHÄUSCHEN – **S. 45**

M

MANDELHOBEL, GEBRANNTE – **S. 31**
MANDELLIKÖR-TÖRTCHEN MIT MARZIPAN – **S. 23**
MARZIPAN, KLASSISCHES – **S. 149**
MARZIPANKUGELN MIT ERDNUSSCREMEFÜLLUNG IM SCHOKOLADENMANTEL – **S. 101**
MARZIPANPRALINEN MIT SCHOKOLADENSTREUSELN – **S. 155**
MOHNKUCHEN MIT ZIMTSTREUSELN – **S. 57**

O

ORANGEN IN ZARTBITTERGLASUR, KANDIERTE – **S. 83**

P

PAVLOVA-KRANZ MIT GRANATAPFELKERNEN – **S. 125**
PEKANNUSS-KARAMELL-PIE – **S. 29**
PFEFFERMINZ-SCHOKOLADEN-PLÄTZCHEN – **S. 105**
PFLAUMENMUS-PALMIERS – **S. 79**
PROFITEROLES MIT SPEKULATIUS-MASCARPONECREME – **S. 127**

R

ROSMARINZWEIGE, GEZUCKERTE – **S. 61**
RUM-SIRUP – **S. 49**

S

SALZIGE KARAMELLBONBONS MIT SCHOKOLADEN-DIP – **S. 145**
SCHOKO-MANDEL-GUGLHUPF MIT WEISSER KUVERTÜRE – **S. 107**
SPEKULATIUS-DOPPELKEKS MIT VANILLECREMEFÜLLUNG – **S. 55**
SPEKULATIUSGEWÜRZ – **S. 51**
SPEKULATIUS-SCHNITTCHEN, GEFÜLLTE – **S. 131**

T

TONKA-VANILLE-KIPFERL – **S. 147**

V

VANILLE-KRANZ – **S. 47**

W

WALNUSS-ZIMT-TUFFS, ZARTE – **S. 27**
WEIHNACHTLICHE GEWÜRZMISCHUNGEN – **S. 51**
WEISSE-SCHOKOLADEN-BLONDIES – **S. 109**
WINDRÄDER MIT FEIGENKONFITÜRE – **S. 133**
WINTERLICHES CRANBERRY-FUDGE – **S. 123**

Z

ZARTE BUTTERKEKSE MIT ZITRONENGLASUR – **S. 157**
ZARTE WALNUSS-ZIMT-TUFFS – **S. 27**
ZIMTSTERNE, KNUSPRIGE – **S. 53**
ZITRONENROLLENKEKSE MIT MERINGUE-FÜLLUNG – **S. 81**

VERLAGSGRUPPE PATMOS

PATMOS
ESCHBACH
GRÜNEWALD
THORBECKE
SCHWABEN
VER SACRUM

Die Verlagsgruppe
mit Sinn für das Leben

MIX
Paper from
responsible sources
FSC® C084698

Für die Verlagsgruppe Patmos ist Nachhaltigkeit ein wichtiger Maßstab ihres Handelns. Wir achten daher auf den Einsatz umweltschonender Ressourcen und Materialien.


www.thorbecke.de

Fotos: Julia Cawley
Gestaltung: designbüro vrej
Rezepte: Saskia van Deelen
Übrige Texte: Melina Verhoeven
Druck: PNB Print Ltd, Silakrogs
Hergestellt in Lettland
ISBN 978-3-7995-1414-9 (Print)
ISBN 978-3-7995-1426-2 (eBook)